ALTDEUTSCHE TEXTBIBLIOTHEK

Begründet von Hermann Paul
Fortgeführt von Georg Baesecke
Herausgegeben von Hugo Kuhn
Nr. 62

I0643523

ULRICH FÜETRER

Persibein

Aus dem Buch der Abenteuer

Herausgegeben von

Renate Munz

MAX NIEMEYER VERLAG TÜBINGEN 1964

Mit 4 Abbildungen

IN MEM. D. M.

Ⓟ Max Niemeyer Verlag Tübingen 1964 · Alle Rechte vorbehalten
Printed in Germany · Satz und Druck: Buchdruckerei Eugen Göbel Tübingen

INHALT

LITERATUR*

Boyd, J.: Ulrich Füetrers Parzival, material and sources. Medium Aevum monographs, Bd. 1, 1936.

Carlson, A.: Ulrich Füetrer und sein Iban. Riga 1927.

Hamburger, P.: Untersuchungen über Ulrich Füetrers Dichtungen von dem Gral und der Tafelrunde, I. Zu Metrik und Grammatik, Stil und Darstellungsweise. Diss., Straßburg 1882.

Hofmann, F.: Der Meleranz von dem Pleier in der Bearbeitung Ulrich Füetrers. Diss., Wien 1933 (Masch.-Schr.).

Kübler, F.: Ulrich Füetrers Yban und Hartmann von Aues Iwein; ihr Verhältnis und ihre Bedeutung für die Quellen der deutschen Artusepik. Diss., Tübingen 1924 (Masch.-Schr.).

Öhmann, E.: Die französischen Wörter in Füetrers Iban. Neuphilolog. Mitteilungen, Helsingfors, 32. Jahrg., 1.–5. Heft, S. 71–84.

Panzer, F.: Merlin und Seifrid de Ardemont von Albrecht von Scharfenberg in der Bearbeitung Ulrich Füetrers. Bibl. d. lit. Vereins Stuttgart, Bd. 227, Tübingen 1902.

Pappenscheller, K.: Ulrich Füetrers Bearbeitungstechnik, dargestellt an d. Strophen 330–418 seines Parzival. Diss., Wien 1933 (Masch.-Schr.).

Peter, A.: Ulrich Füetrers Prosaroman von Lanzelot nach der Donaueschinger Handschrift. Bibl. d. lit. Vereins Stuttgart, Bd. 175, Tübingen 1885.

Probst, K. F.: Die Quellen des Poitislier und Flordimar in Ulrich Füetrers Buch der Abenteuer. Diss., Heidelberg 1922 (Masch.-Schr.) (Jb. d. Philosoph. Fakultät Heidelberg 1921/1922, S. 53 ff.).

Singer, S.: Zu Ulrich Füetrer. ZfdA, Bd. 38 (1894), S. 205 f.

Spiller, R.: Studien über Albrecht von Scharfenberg und Ulrich Füetrer. Leipzig 1883.

–: Studien über Ulrich Füetrer. ZfdA, Bd. 27 (1883), S. 262–294.

–: Ulrich Füetrer. Bayerische Chronik; Quellen und Erörterungen zur Bayer. und Deutschen Geschichte, N. F. II. Bd., 2. Abt. München 1909.

Weber, F.: Poytislier aus dem Buch der Abenteuer von Ulrich Fuetrer. Altd. Textbibliothek, Bd. 52, Tübingen 1960.

* Die bis 1924 über Füetrer erschienene Literatur ist vollständig verzeichnet bei A. Carlson.

EINLEITUNG

Die wichtigsten Daten und Ereignisse aus Füetrers[1] Leben sind mitgeteilt von R. Spiller[2] und A. Carlson.[3] Im Anschluß an diese beiden Arbeiten, auf die ich, vor allem für urkundliche Belege aus dem Leben des Dichters, verweise, gebe ich hier einen kurzen Abriß mit Ergänzungen.

Ulrich Füetrer, dessen Geburtsjahr wir nicht kennen, stammte aus Landshut. Er erzählt selbst in seiner »Bayerischen Chronik«,[4] daß sein Vater durch die Teilnahme am mißlungenen Aufstand gegen Herzog Heinrich, den Sohn Friedrichs von Landshut, im Jahre 1410 »vmb etlich tausent guldin wert« gekommen sei; es ist also anzunehmen, daß der Dichter zwischen 1410 und 1420 geboren wurde. Er besuchte die Landshuter Schule, wo er sich Kenntnis im Lesen, Schreiben und wohl auch in der lateinischen Sprache aneignete. Sehr groß waren seine Lateinkenntnisse jedoch nicht,[5] aber ausreichend, um die lateinischen Texte lesen zu können, die er für seine »Bayerische Chronik« benutzte. Ob er auch Französisch konnte, bleibt fraglich.[6]

[1] F. Weber zieht auf S. VII ihrer Einleitung zum »Poytislier«, »von der Umlautfeindlichkeit der bair. Mda. ausgehend«, die Schreibung Fuetrer dem bisher verwendeten Füetrer vor. Da keine der Hss. mit Sicherheit die authentische Schreibung überliefert, sehe ich keinen Anlaß, von der in die Literatur eingegangenen Form abzuweichen. Der freundliche Hinweis H. Rosenfelds auf seine geplante Veröffentlichung im Obb. Archiv mit dem Nachweis, daß F. in Wirklichkeit Furtter geheißen habe, erreichte mich erst nach der Drucklegung und konnte deshalb nicht mehr diskutiert werden.

[2] In der Einleitung zu seiner Ausgabe der »Bayerischen Chronik«, S. I–VII, und in ZfdA 27, S. 262 ff. (s. Literaturverzeichnis).

[3] In: »Ulrich Füetrer und sein Iban«, S. 17–22.

[4] S. 210.

[5] Spiller führt in »Bayerische Chronik«, S. II, Anm. 2, einige elementare Verstöße Füetrers gegen die lateinische Grammatik auf.

[6] An dieser Vermutung Spillers ändert auch die Untersuchung E. Öhmanns »Die französischen Wörter in Ulrich Füetrers ›Iban‹«

Wohl schon in Landshut wandte er sich dem Malerberuf zu und siedelte frühzeitig nach München über, wo er 1460 als »Vierer« (einer der bei Handwerksinnungen gewählten vier Vorstände) erwähnt ist. Seit 1482 war er Besitzer eines Hauses in der Schwabinger Gasse (jetzt Residenzstr. 15). Wahrscheinlich schon bald nach seiner Übersiedlung nach München begann Füetrer, zusammen mit seinem älteren Zunftgenossen Gabriel Mächleskircher, für das Kloster Tegernsee zu arbeiten. Seine Tätigkeit beschränkte sich aber wohl auf handwerksmäßige Leistungen oder Wandgemälde; jedenfalls ist uns keine Tafel von ihm erhalten.[7] Wie angesehen er aber, auch als Künstler, war, zeigen die Tegernseer »erungen« (Schenkungen zur Weihnachtszeit), in denen Füetrer, zusammen mit Mächleskircher, in den Jahren 1465, 1466, 1471 und 1476 erwähnt wird. Eine Notiz aus dem Jahre 1465 berichtet, daß vom Kloster Tegernsee an Maister Ulrich Maler 44 Pfennige für die Bemalung der St. Andreaskapelle und der daneben befindlichen Stuben und Vorplätze bezahlt wurden.

(Neuphilolog. Mitteilungen, Helsingfors, 32. Jahrg., 1.–5. Heft, S. 71 bis 84) nichts, der die von Füetrer im »Iban« und in der »Bayerischen Chronik« verwendeten französischen Wörter alle als zum lebendigen Sprachgut der Oberschicht der Blütezeit gehörig nachweist (S. 84). Füetrer schrieb sie jedoch nicht sklavisch seiner jeweiligen Vorlage nach, sondern hat sie sich dank seiner großen Belesenheit völlig zu eigen gemacht, so daß er sie selbständig und bewußt als stilistisches Mittel anwenden konnte, um den Ton der alten Ritterepen zu treffen. Einen Schluß auf besondere französische Sprachkenntnisse Füetrers läßt aber die Verwendung solch allgemein bekannter und in den Epen der Blütezeit häufig vorkommender Wörter nicht zu.

[7] Das Füetrer früher zugeschriebene Gemälde einer Kreuzigung aus dem Kloster Tegernsee (heute in der Alten Pinakothek in München unter Nr. 1438) wird, wie mir Herr Professor Buchner † freundlich mitteilte, nach neuesten Forschungen weder Füetrer noch, wie es zeitweise geschah, Gabriel Mächleskircher zugewiesen, sondern einem unbekannten »Meister der Tegernseer Passionstafeln«. (Vgl. den Katalog der Alten Pinakothek in München von 1958, S. 68. Abgebildet ist die Kreuzigung im Katalog unter Nr. 76 und in Spillers Ausgabe der »Bayerischen Chronik«.)

Auch in München war Füetrer als Maler tätig: als im Jahre 1470 der Wiederaufbau des 1460 abgebrannten Turmes des alten Rathauses begann, besorgte er die Innenausschmückung sowie die Bemalung der Fassade. Geringe Reste der Wandmalerei im Großen Rathaussaal kamen bei der Restaurierung im Jahre 1886 wieder zum Vorschein.

Wie Füetrer mit dem herzoglichen Hof in München bekannt wurde ist nicht gewiß; wahrscheinlich durch seinen älteren Freund und Lehrer, den herzoglichen Rat und Landrichter Jakob Püterich von Reichertshausen (geb. 1400). Dieser teilte mit Herzog Albrecht IV. (1467–1508) die Begeisterung für ritterliches Spiel und höfisches Wesen und war ein eifriger Sammler nicht nur der Literatur seiner Zeit, sondern vor allem der alten Ritterbücher. Er besaß für die damalige Zeit eine ungewöhnlich reichhaltige Bibliothek und gibt ein ausführliches Verzeichnis seiner Bestände (94 Bände) in seinem »Ehrenbrief«,[8] den er 1462 für die literarisch interessierte Pfalzgräfin Mechthild, die Witwe Erzherzog Albrechts VI. von Österreich, schrieb. Er war ein begeisterter Anhänger Wolframs und schrieb seinen »Ehrenbrief« in der Titurelstrophe in Anlehnung an das Werk, das er das »Haubt ab Teutschen Püechen« nannte.[9] Durch diesen Kenner und Liebhaber der alten Literatur mag Füetrers literarisches Interesse geweckt worden sein, und Püterichs Bücherschatz verdankte er wohl seine Belesenheit. Nach dem Tod seines Freundes um 1470 begann Füetrer seine literarische Tätigkeit, und es ist nicht unwahrscheinlich, daß er von Herzog Albrecht IV. den direkten Auftrag erhielt, die alten Ritterepen in einem großen Zyklus zusammenzufassen.[10]

---

[8] Hrsg. von F. Behrend und R. Wolkan, Weimar 1920 (Faksimile).

[9] Püterich hielt, entsprechend der allgemeinen Ansicht seiner Zeit, Wolfram von Eschenbach für den Dichter des »Jüngeren Titurel«.

[10] Füetrer bezieht sich an vielen Stellen des Buches der Abenteuer auf Albrecht, der ihn zu diesem Unternehmen angeregt habe (vgl. z. B. Persibein, Str. 4 ff.) und widmet es diesem in einem Akrostichon (s. Cgm 1, Fol. 1, Str. 10–29).

Bei der Bestimmung von Füetrers Todesjahr sind wir wieder auf Vermutungen angewiesen. 1493 wird er im Register der Tegernseer Weihnachtsschenkungen nicht mehr erwähnt, und man könnte vermuten, er sei bereits gestorben gewesen, was nach Spiller aber deshalb unsicher bleibt, weil seit 1492 ein anderer Abt in Tegernsee regierte, der manche der früher Beschenkten aus den Listen strich. Trotzdem ist anzunehmen, daß er vor Beginn des neuen Jahrhunderts starb, da sein Haus in der Schwabinger Gasse im Jahre 1500 in andere Hände überging.

Füetrers »Buch der Abenteuer« ist in der Titurelstrophe geschrieben und hat in seinem ersten Teil die Geschichte des Gralsgeschlechtes von den Anfängen bis zu Lohengrin zum Inhalt, wofür durchweg Epen aus dem 13. Jahrhundert als Vorlage dienten. Der zweite Teil enthält – jetzt ohne größeren Zusammenhang – einzelne Epen aus dem Artussagenkreis. Den Abschluß des Riesenwerkes (348 Blätter in größtem Folio) bildet eine Bearbeitung der Erzählung von Lanzelot, ebenfalls in der Titurelstrophe. Vor diesem »strophischen Lantzilet« hat Füetrer eine Prosafassung geschrieben. Die »Bayerische Chronik« blieb Füetrers einziges historisches Werk. Für die Entstehungszeit ergibt sich nachstehende Reihenfolge:[11]

> »Buch der Abenteuer« (1473–1478)
> »Bayerische Chronik« (1478–1481)
> Prosa-»Lantzilet« (1481–1486)
> Strophischer »Lantzilet« (nach 1486)[12]

[11] Nach Spillers überzeugenden Ausführungen ist das »Buch der Abenteuer« Füetrers erstes Werk. Der Prosa-»Lantzilet« ist sicher eine Vorarbeit zum strophischen und später als das »Buch der Abenteuer« geschrieben, da er dieses voraussetzt. Die Abfassungszeit der »Bayerischen Chronik« ist dort überliefert. (Vgl. Spiller, Bayer. Chronik, S. XVII ff., ZfdA 27, S. 262 ff., und A. Carlson a.a.O. S. 25 f.)

[12] Die handschriftliche Überlieferung der Werke Füetrers verzeichnet vollständig A. Carlson a.a.O. S. 165 f. – Eine Ausgabe der ganzen

Vom »Buch der Abenteuer« sind folgende Hss. erhalten:

A Bayerische Staatsbibliothek in München, Cgm 1, Pergament, 348 gezählte Blätter in größtem Folio, zweispaltig beschrieben mit abwechselnd roten und blauen Initialen. Sie enthält den »Persibein« Fol. 112 va – 127 va. Die erste Initiale ist kunstvoll ausgeschmückt und läuft in eine gemalte mehrfarbige Ranke aus, die sich über den halben linken Seitenrand des Blattes hinzieht.[18]

B Österreichische Nationalbibliothek in Wien, Nr. 3037·3038 (Ms. Ambras. 426), Papier, 516 Blätter Großfolio, in zwei Bände gebunden, zweispaltig beschrieben, die Initiale der ersten Strophe eines jeden Abenteuers rot und kunstvoll ausgeführt (ähnlich derjenigen in A), bei allen übrigen Strophenanfängen sind schwarze, fast kursive Großbuchstaben verwendet. Der 1. Band enthält den »Persibein« Fol. 182 ra – 203 va. Die Initiale der ersten Strophe ist nicht ausgeführt; ein Raum von ca. 5 × 6 cm ist freigelassen. Der Text endet Fol. 203 va mit den letzten fünfeinhalb Strophen; die Spalte 203 vb nimmt eine teilweise mit Tinte ausgeführte Zeichnung ein, die einen bewaldeten Abhang darstellt (in der unteren Hälfte ist, nur mit Kohlestrichen skiz-

Gralsgeschichte, also des sog. 1. Buches (außer Fol. 3 vb – 16 vb) bereitet K. Nyholm in den DTM vor, und F. Weber kündigt in der Einleitung zum »Poytislier« die Edition des »Flordimar« an, so daß in Kürze das gesamte »Buch der Abenteuer« mit Ausnahme des Trojanischen Krieges, der Geschichte von Floreis und Wigalois und des Lantzilet gedruckt vorliegen wird. (Der »Meleranz« ist jedoch vorerst nur in Hofmanns maschinenschriftlicher Dissertation zugänglich.)

[18] Eine genaue Beschreibung geben E. Petzet, Die deutschen Pergamenthandschriften Nr. 1–200 der Staatsbibliothek in München, München 1920, Bd. 1, S. 1 ff., und P. Hamburger, Untersuchungen über Ulrich Füetrers Dichtung von dem Gral und der Tafelrunde, Diss. Straßburg 1882, S. 1 f.

ziert, ein Ritter zu Pferd [?] zu erkennen).[14] Fol. 204 ra oben beginnt der »Poytislier«.[15]

Die Handschrift C, Bayerische Staatsbibliothek in München, Cgm 247, Papier, enthält nur das sog. 1. Buch des Zyklus' und somit den »Persibein« nicht, wie auch die Handschriften D, Österreichische Nationalbibliothek in Wien, Nr. 2888, Papier, die nur den »Merlin«, und E, die Donaueschinger Handschrift, Nr. 140, Papier, die nur den »Poytislier« und den »Flordimar« enthält. Alle Hss. stammen aus dem Ende des 15. Jahrhunderts.[16]

In seiner Ausgabe des »Merlin« und des »Seifrid de Ardemont« bezeichnet Panzer nach gründlichem Vergleich der Hss. A, B, C und D die Hs. B als direkte und sehr genaue Abschrift von A.[17] Friederike Weber dagegen kommt in der Einleitung zu ihrer Ausgabe des »Poytislier« zu dem Ergebnis, daß B nicht direkt aus A geflossen sein kann, da sie (und in der Mehrzahl der Fälle auch E) gegenüber A eine Anzahl von besseren Varianten aufweist. Außerdem enthält B im Text des »Poytislier« eine »Zusatzstrophe«, die in A fehlt, die E aber in Übereinstimmung mit B ebenfalls übernommen hat. Da B und E sich gegenseitig näherstehen als zu A, müssen sie auf einer anderen Vorlage be-

---

[14] Ähnlich ausgeführte, nicht kolorierte Tintenzeichnungen finden sich auch auf den Bll. 123 vb (Ende des »Lohengrin«), 134 vb (Ende des »Wigalois«), 169 rb (Ende des »Meleranz«) und 218 v (Ende des »Poytislier«); außerdem enthält Bl. 181 v (Ende des »Iban«) eine ganzseitige undeutliche Kohleskizze. Die Hs. A dagegen weist, mit Ausnahme des prachtvoll ausgeführten, aber später eingefügten Vorsatzblattes (abgebildet bei A. Carlson) mit dem bayerischen und österreichischen Wappen und einzelner Rankenverzierungen (jeweils am Beginn einer neuen Erzählung), keine bildlichen Darstellungen auf.

[15] Der 1. Band ist von Panzer in seiner Ausgabe des »Merlin« und des »Seifrid«, Einl., S. VII f., beschrieben.

[16] Die Hss. C und D beschrieb Panzer a.a.O. Einl., S. VIII f., die Hs. E Probst in seiner Heidelberger Dissertation, S. 4 ff.

[17] a.a.O. Einl., S. X.

ruhen als die Münchner Hs., und es ergibt sich für Weber demnach folgender Stammbaum:

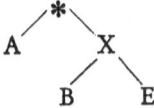

Die Entscheidung der Frage, ob B eine direkte Abschrift von A darstellt oder nicht, ist anhand des Persibein-Textes ziemlich schwierig, da dieser in E nicht überliefert ist und somit beim Handschriftenvergleich die so wichtige dritte Hs. fehlt. Es läßt sich jedoch folgendes feststellen:

A und B stellen beide für das 15. Jahrhundert äußerst gewissenhafte Abschriften dar (das Original Füetrers ist verloren), und der Persibein-Text in beiden Hss. ist nahezu identisch (abgesehen von der Vielzahl der nur orthographischen Abweichungen). »Leichte« Besserungen halten sich in beiden Hss. beinahe die Waage: den 71 Fällen, in denen metrisch[18] A den besseren Text aufweist, stehen 67 gegenüber, in denen B vorzuziehen ist; wo die Hss. in der sachlichen Aussage abweichen, ist A in 20, B in 21 Fällen vorzuziehen. Lediglich auf Reinheit der Reime scheint B mehr zu sehen als A: 13mal weist B reine Reime (im nhd. Sinn) gegen A auf,[19] A jedoch nur 4mal gegen B (in 26 Fällen hat B außerdem eine von A abweichende Wortstellung, was jedoch Satzbau und Metrik nicht oder nur unwesentlich beeinflußt).

Bei dieser weitgehenden Übereinstimmung der beiden Hss. dienten daher als Ansatzpunkt für die Untersuchung des Handschriftenverhältnisses die Fälle, in denen A von späterer Hand korrigiert ist. Der mehrfach und zuletzt von F. Weber geäußerten Meinung, daß, wenn B eine Abschrift von A ist, diese Ab-

[18] Ohne die unsicheren, da in den Hss. sehr uneinheitlich bezeichneten Zeilen mit Svarabhakti.
[19] Ohne die Fälle mit Svarabhakti und dem handschriftlich problematischen Umlaut des mhd. uo (s. dazu S. XVI f.).

schrift *vor* der Zweitkorrektur von A vorgenommen sein müßte, da die Korrekturen zweiter Hand weder in B noch in E erscheinen, steht entgegen, daß neunmal (29,4 / 186,3 / 284,2 / 341,6 / 342,4 / 343,7 / 377,4 / 410,5 und 500,7) die vom Zweitkorrektor[20] in A eingetragenen Wörter oder Buchstaben im ursprünglichen Text von B stehen. In zwölf Fällen dagegen weicht B von der Zweitkorrektur in A ab und bietet einen selbständigen Wortlaut (174,3 / 227,4 / 253,6 / 284,3 / 374,4 / 415,5 / 456,6 / 458,2 / 462,6 / 467,4 / 476,4 und 479,2–4), wobei mindestens fünfmal die Variante von B dem Text des Zweitkorrektors in A vorzuziehen ist. In zwölf weiteren Fällen aber, in denen ursprünglich sachliche oder metrische Mängel durch den Zweitkorrektor in A gebessert sind, steht die fehlerhafte Version im Text von B (148,4 / 182,4 / 195,7 / 198,6 / 211,4 / 252,7 / 337,4 / 368,2 / 390,7 / 438,7 / 501,5 und 505,7). Wäre B eine unmittelbare Abschrift von A, so müßte man erwarten, daß sie entweder alle Zweitkorrekturen aus A oder aber keine übernimmt, je nachdem, ob die Abschrift vor oder nach dieser Korrektur angefertigt wurde. Die Tatsache, daß B in einigen Fällen mit den Zweitkorrekturen von A übereinstimmt, sie in anderen außer acht läßt und in wieder anderen einen selbständigen, von A abweichenden Wortlaut überliefert, scheint mir gegen die Annahme Panzers zu sprechen, B sei direkt aus A geflossen. Dies wird durch eine Anzahl weiterer Erscheinungen gestützt:

34,7 und 291,7 weist B sachlich und metrisch überflüssige Textstellen auf, die in A (zweifellos im Zuge der Zweitkorrektur) durch Rasur getilgt sind; 440,1 fehlt jedoch das in A eliminierte Wort auch in B: auch die durch Rasur in A korrigierten Stellen behandelt B demnach in ähnlich uneinheitlicher Weise wie die oben angeführten Nachträge in A.

229,5 fügt der Zweitkorrektor in A ein metrisch überzähliges und sachlich überflüssiges Wort ein, das B nicht aufweist.

88,1 / 358,1 und 361,1 schreibt B die richtige Initiale gegen A,

---

[20] Vor ihm hat schon der Schreiber selbst einige Fehler korrigiert.

was gegen eine direkte Abschrift spricht, es sei denn, man nimmt an, die Abschrift sei vor dem Ausmalen der Initialen genommen worden.

XXVI,2 steht der Wortteil plube- in A auf Rasur, während B den richtigen Namen bluben original im Text schreibt.

In der Abenteuerüberschrift XVII wiederholt A unnötig zwei Worte, die B nicht enthält.

449,3 weicht B erheblich vom Wortlaut von A ab.

Anhand des Persibein-Textes glaube ich daher feststellen zu können, daß es sich bei B nicht um eine direkte Abschrift von A handelt, sondern daß beide Hss. nach einer verlorengegangenen Vorlage kopiert wurden, was äußerst sorgfältig geschah. Dabei ist nicht ausgeschlossen, daß diese dem Zweitkorrektor von A bei der Durchsicht noch einmal vorgelegen hat, worauf besonders 410,5 schließen läßt, wo er auf Rasur einen Namen (Beaflor) einfügt, den B original im Text enthält, der aber schon einmal (513,4), allerdings für eine andere Person, verwendet ist. Es muß sich demnach hier um einen Fehler in der Vorlage handeln. Entsprechend könnten auch die Korrekturen, die A mit dem Originaltext von B gemeinsam hat, nach der Vorlage gebessert sein.

Nach den Verhältnissen des Persibein-Textes kann B weder eine direkte Abschrift von A sein, noch scheinen A und B so weit auseinanderzuliegen, wie F. Weber glaubt. Beide Hss. stehen einander nahe genug und weisen doch gleichzeitig so wichtige Unterschiede auf, daß es sehr wahrscheinlich ist, daß beide aus der gleichen Vorlage X geflossen sind.

Zur Textgestalt

Füetrer wendet bewußt den regelmäßigen Wechsel von Hebung und Senkung, also das Prinzip der Silbenzählung, an. Die durch diesen Wechsel häufig erforderliche zweisilbige Messung einsilbiger Wörter ist in den Hss. vielfach durch einen geschweiften Strich (s. dazu unten) bezeichnet; wo außerdem bei der Verbindung von Liquida und Konsonant aus metrischen Gründen Svarabhakti erforderlich ist, habe ich den Sproßvokal eingefügt. Ebenso wurden apokopierte und synkopierte Formen, soweit sie schon die Hss. aufweisen, aus diesen übernommen; wo sie außerdem metri causa erforderlich sind, habe ich sie durch einen Punkt unter dem betreffenden Vokal gekennzeichnet. Wörter, die das Metrum sprengen, aber zum Verständnis nicht notwendig sind, setze ich in eckige Klammer. In manchen Fällen habe ich eine fehlende Silbe oder ein fehlendes Wort eingefügt, aber nur dann, wenn dies ohne Sinnänderung möglich war. Einige Zeilen, die eine Wort- oder Satzumstellung verlangt hätten, sowie diejenigen, in denen Eigennamen das Metrum stören, ließ ich unverändert, um stärkere Eingriffe zu vermeiden. Beibehalten habe ich auch den zweisilbigen Auftakt, der überall dort zu finden ist, wo auf ein Pronomen oder Partikel ein Präfix mit schwachtonigem e folgt.

Die Ausgabe des »Persibein« stellt einen buchstabengetreuen Abdruck der Hs. A dar, B wurde jedoch dann berücksichtigt, wenn sie eine sprachlich oder metrisch bessere Form bot. Alle oben angeführten Konjekturen sind als solche aus den Laa. zu erkennen,[21] der Text weicht jedoch außerdem in folgenden Fällen vom Schriftbild der Hs. ab:

ſ erscheint im Druck als s; ſſ, ſs als ss.

Großbuchstaben sind auf Strophenanfänge und Eigennamen beschränkt.

Langes i, im Anlaut häufig als Majuskel geschrieben, ist durchweg, auch wenn es als Konsonant steht, als i wiedergegeben, da es in allen Stellungen mit kurzem i wechselt.

Der Umlaut des kurzen betonten u (in den Hss. ů) erscheint im Druck als ü. Der mhd. Diphthong uo (spr. ue) ist in den Hss. entweder durch übergeschriebenen nach oben geöffneten Halb-

---

[21] Rein orthographische Abweichungen sind, außer bei Eigennamen, nicht in die Laa. aufgenommen, um diese nicht unnötig aufzuschwellen. Zur Orthographie der Hss. A und B vgl. die Dissertation von F. Hofmann, S. 33–35.

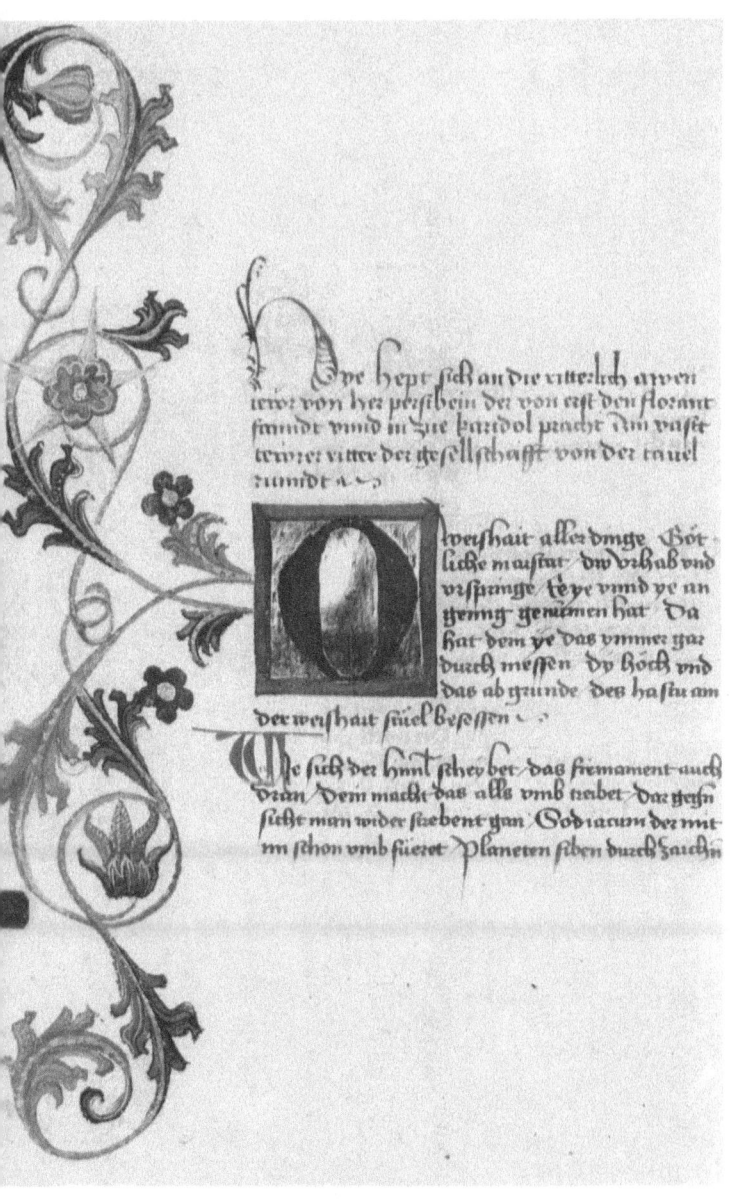

Hye hept sich an die ritterlich awen
tewr von Hez persibein der von erst den florant
samdt vmd in sie karidol pracht ain vast
tewrer ritter der gesellschafft von der tauel
rundt a [.]

Oweyshait aller dinge Göt-
liche maiestat dw vrhab vnd
vrspringe teyr vmd ye an
genng genumen hat Da
hat dem ye das vmmer gar
durch messen dy höch vnd
das abgrunde des hastu am
der weyshait füel besessen [.]

Vse sich der hinnt scheybet das frmament auch
dran Dem macht das alls vmb trabet das gefn
sieht man wider steebent gan Godiacum der mit
im schon vmb füeret Planeten siben durch zaichn

Abb. 1. Cod. germ. 1 fol. 112 va (Ausschnitt)

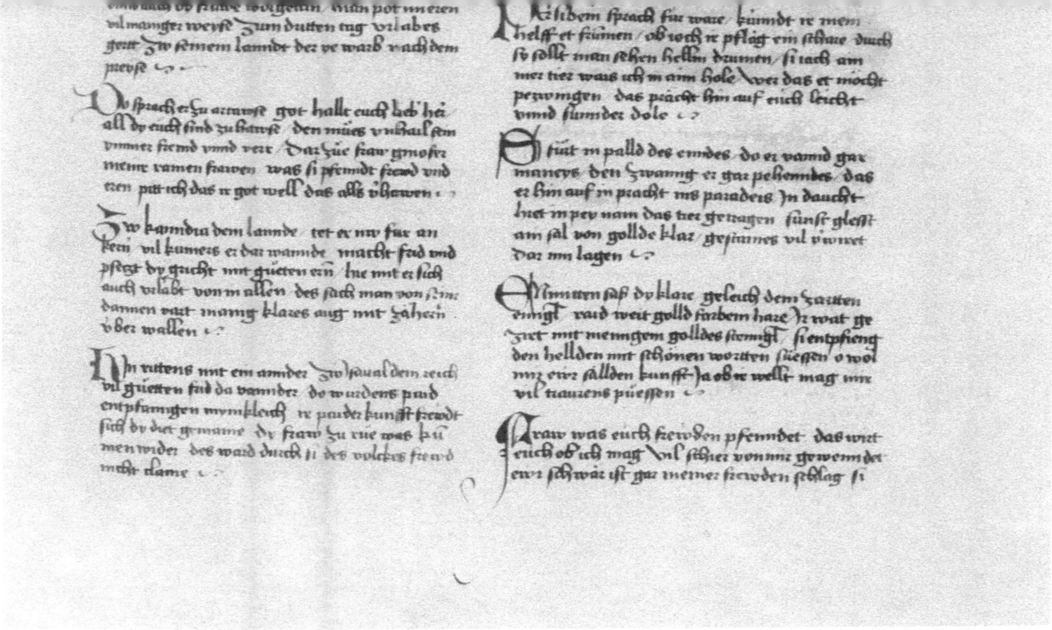

Abb. 2. Cod. germ. I fol. 126 r

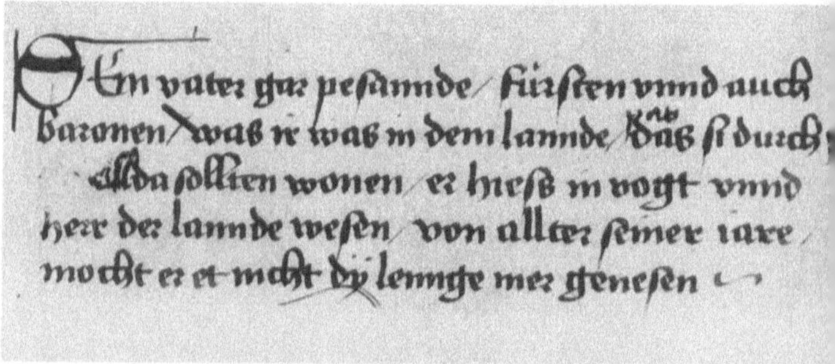

Ein vater gar pesamde / fürsten vmd auch
Baronen / was er was in dem lannde. Das si durch
alda sollten wonen / er hieß in vogt vnnd
herr der lannde wesen / von allter seiner iare
mocht er et nicht dy lennge mer genesen

Abb. 3.   Cod. germ. 1 fol. 126 ra (Ausschnitt)

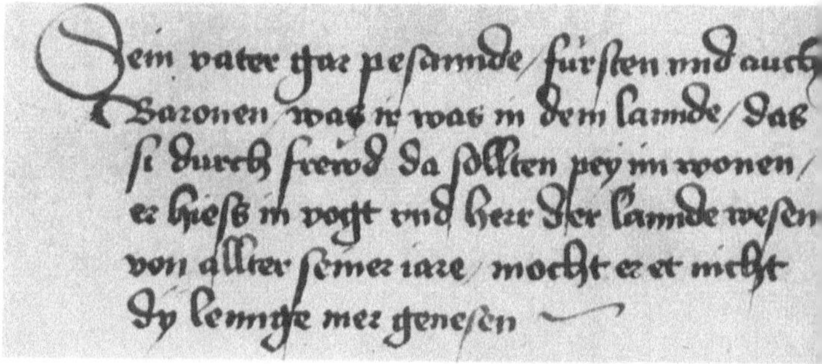

Dem vater gar pesamde / fürsten vnd auch
Baronen / was er was in dem lannde / Das
si durch frewd da sollten pey im wonen /
er hieß in vogt vnd herr der lannde wesen
von allter seiner iare / mocht er et nicht
dy lennge mer genesen

Abb. 4.   Cod. Vi. ndob. 3037 fol. 201 rb (Ausschnitt)

kreis oder durch zwei übergeschriebene Punkte bzw. Striche bezeichnet. Da diese Zeichen wahllos sowohl für mhd. Umlaut wie auch für unumgelautete Formen verwendet werden, die Übergänge zwischen Halbkreis und Strichen oft fließend sind und sprachgeschichtlich nicht immer einwandfrei festzustellen ist, in welchen Fällen Füetrer Umlaut gesprochen hat, habe ich alle Diphthonge einheitlich durch Akzent bezeichnet.

Die diakritischen Zeichen sind aufgelöst. In den Hss. findet sich am häufigsten ein geschweifter Strich auf den silbenbildenden Sonanten (r̃, l̃, m̃, ñ), die ich als er, el, em, en wiedergebe (z. B. hagl̃ = hagel). Oft wird durch dieses Zeichen auch die Länge der Nasale m und n angezeigt (z. B. nym̃er = nymmer), steht es über Vokal, so ist ein nachfolgender Nasal zu lesen (z. B. nyemãt = nyemant). Ein liegendes offenes Dreieck bezeichnet die vokalische Aussprache von w = u (z. B. awentew̆er) und ist im Druck fortgelassen; außerdem steht es für den Umlaut von u (s. dazu oben). Sehr häufig ist ein hochgestelltes Komma oder ein Haken für r oder er (z. B. h'r oder hr' = herr).

Oft folgen die Wörter in den Hss. aus Raummangel sehr nah aufeinander, so daß nicht immer einwandfrei zu bestimmen ist, ob zusammengeschrieben werden soll oder nicht. Auch hier habe ich versucht, das Schriftbild der Hss. möglichst beizubehalten.

Interpunktionszeichen habe ich dem Sinn entsprechend gesetzt, der einfache Satzbau Füetrers mit seiner Aneinanderreihung von Hauptsätzen und dem Mangel an Konjunktionen verlangt jedoch entgegen den Gepflogenheiten Lachmanns eine ausführliche Interpunktion. Die Punkte, die in manchen Fällen die Abenteuerüberschriften in einzelne Sätze aufgliedern, habe ich übernommen. Wörtliche Rede der handelnden Personen steht zwischen doppelten Anführungzeichen (» «), direkte Rede des Erzählers im Dialog zwischen einfachen Anführungszeichen (› ‹). Die einzelnen Abenteuer habe ich durch römische, die Strophen durch arabische Zahlen fortlaufend bezeichnet.

Mit Ausnahme des »Persibein«, »Flordimar«, »Poytislier«, »Merlin« und »Seifrid de Ardemont« sind uns die Vorlagen Füetrers bekannt, und für die beiden letztgenannten gibt er uns selbst Albrecht von Scharfenberg als Verfasser an. Bei den übrigen der von Füetrer in sein »Buch der Abenteuer« aufgenommenen und bearbeiteten Werke handelt es sich durchweg um Epen der staufischen und nachstaufischen Zeit. Dies legt die Vermutung nahe, daß die Vorlage des »Persibein« im gleichen Zeitraum entstanden ist. Da aber nach dieser Arbeitshypothese rund zweihundert Jahre zwischen der Vorlage und Füetrers Bearbeitung liegen, können sprachliche Kriterien nicht herangezogen werden, und als einziger gangbarer Weg bietet sich die Motivvergleichung an. Füetrer hat die von ihm bearbeiteten Werke stark gekürzt, seinen Kürzungen sind jedoch vor allem beschreibende Partien zum Opfer gefallen, die die Handlung aufhalten, wie Schilderungen von Festlichkeiten, Kleidern usw. Bei der Wiedergabe des Handlungsablaufs selbst hält er sich dagegen sehr genau an seine Vorlagen, und es ist deshalb anzunehmen, daß er auch den Gang der Handlung des »Persibein« unverstümmelt berichtet.[23]

Die Untersuchung der im »Persibein« verwendeten Motive hat ergeben, daß der Dichter der Vorlage die deutsche Artusliteratur des 13. Jahrhunderts sehr gut gekannt hat. Direkt zitiert werden der »Parzival«, der »Jüngere Titurel« und der »Pfaffe Amis« des Stricker. Die meisten der bekannten Figuren aus dem Artuskreis treten auf, wie z. B. Gawein, Kei, Kalogreand, Segrimors, Ginover, Enite, Jeschute usw. Aus dem »Jüngeren Titurel« finden sich Namen wie Elizabell, Orphilet und

---

[22] Im Rahmen dieser Einleitung ist nur eine Zusammenfassung der Ergebnisse möglich, ich hoffe aber, die ganze Untersuchung mit allen Nachweisen zu einem späteren Zeitpunkt vorlegen zu können.

[23] Vgl. bes. die Arbeiten von Hamburger, Carlson, Kübler und Boyd.

Spolit, und die Ortsbezeichnung Limors aus dem »Erec« und »Lanzelet« ist zu einem Eigennamen geworden; Valturnie kommt aus dem »Willehalm«, in Nauern ist der Name Nâvers aus dem »Parzival« zu erkennen. Andere Namen haben lautliche Änderungen erfahren: Lahedumân aus dem »Parzival« wird zu Lodeman, und Iureth erinnert an den Joram im »Wigalois« und an Juran im »Daniel vom blühenden Tal«.

Mehr als zwei Drittel aller der im »Persibein« verwendeten Motive und Handlungselemente lassen sich in der Artusliteratur des 13. Jahrhunderts nachweisen. Besonders stark benutzt wurden Wirnt von Gravenbercs »Wigalois« und Albrecht von Scharfenbergs »Seifrid de Ardemont«. Aus dem »Wigalois« stammt eine ganze Abenteuerkette (der Held befindet sich am Artushof und erhält dort von einer Botin die Aufforderung, für ihre Herrin zu kämpfen; auf der gemeinsamen Reise hat er bestimmte Abenteuer zu bestehen). Aus dem »Seifrid« ist die Befreiung eines Ritters übernommen, der von einem Riesen verbrannt werden soll; die Entzauberung einer in einen Wurm verwandelten Jungfrau; die Befreiung einer Jungfrau aus der Gewalt eines Drachen sowie die Schilderung der Ereignisse beim Turnier in Igerland. Der Kampf für Klamissa stimmt genau mit einem Kampf Seifrids überein und zeigt gleichzeitig Parallelen zu Parzivals Kämpfen mit Kingrun und Clamide, die die Vorlage für den »Seifrid« abgegeben haben. Aus Ulrich von Zazichovens »Lanzelet« fand das »Schreiende Moos« Verwendung und aus Wolframs »Willehalm« die Szene, in der der Held sich weigert, unberechtigt geforderten Zoll zu entrichten. Aus dem »Wigalois« stammt schließlich das Motiv der zwei sich um ein Abenteuer streitenden Ritter, von denen einer sogar den Namen Wigeloys trägt. In allen diesen Fällen gehen die Übereinstimmungen bis in nebensächliche Einzelheiten, so daß an der bewußten Übernahme dieser Motive in den »Persibein« nicht zu zweifeln ist.

Neben dieser eindeutigsten Gruppe findet sich im »Persibein« eine Anzahl von Erzählelementen, die in gleicher oder ähnlicher

Form in anderen Dichtungen enthalten sind, ohne daß die Entsprechungen so weit gehen, daß dem Verfasser direkte Entlehnung nachgewiesen werden könnte. Als Beispiel für solche Motive sei Persibeins heimliche Entfernung vom Artushof genannt (s. Iwein!) oder die Szene, in der er aufgefordert wird, die ihn begleitende Frau auszuliefern, da er sie gestohlen habe (s. Erec!).

Zu einer dritten Gruppe gehören Motive, deren Herkunft nicht sicher zu bestimmen ist, weil sie entweder aus mehreren Werken bekannt sind oder weil sie sich aus verschiedenen Elementen zusammensetzen. Dazu gehört z. B. die Schilderung der äußeren Erscheinung (nicht die Funktion) des Weibes Kurie, die sowohl dem Waldmensch aus dem »Iwein«, wie auch Kundrie und Malcreatiure aus dem »Parzival«, der starken Ruel im »Wigalois« und dem wilden Waldweib in der »Krone« gleicht. Der Wunderstein dagegen, den Persibein findet, weist neben Eigenschaften des Tugendsteines aus dem »Lanzelet« und »Wigalois« (nur tugendhafte Menschen können sich auf ihn setzen bzw. sich ihm nähern) auch solche des Grales auf, wie ihn Wolfram beschreibt (er trägt eine Inschrift und ist so schwer, daß ihn die ganze sündige Menschheit nicht bewegen kann, und nur eine reine Jungfrau ist imstande ihn zu tragen). Solche Motive bzw. Motivteile waren zur Zeit der Abfassung der Vorlage Füetrers so allgemein bekannt oder gar zu Klischees geworden (wie z. B. auch der Ablauf eines Kampfes mit einem oder zwei Riesen), daß ein Dichter sie beliebig verwenden konnte, ohne ein bestimmtes Werk als Quelle heranziehen zu müssen.

Da der Dichter des »Persibein« nachweislich den größten Teil seiner Handlungselemente aus verschiedenen deutschen Epen des 13. Jahrhunderts (auf die in zwei Fällen der Text selbst hinweist) direkt oder indirekt übernommen hat, da ihm jede dichterische Originalität mangelt und er auch nicht davor zurückscheut, zu Klischees erstarrte Motive zu verwenden, ist er unter den Epigonen der zweiten Hälfte des 13. Jahrhunderts zu suchen. Auch die Komposition des »Persibein« weist ihn an diese Stelle.

Die Fülle der Ereignisse und der Abenteuer, die der Held zu bestehen hat, ist nur mit Mühe zu entwirren: In einer Vorgeschichte (Str. 8–41) wird er zunächst als unbekannter Jüngling am Artushof eingeführt, wo sich seine edle Abstammung enthüllt. In Str. 42–121 werden die Abenteuer des jungen Persibein erzählt, und er erweist sich als richtiges Glückskind, dem ohne eigenes Verdienst alles gelingt, selbst die oft so schwierige Erringung einer Gemahlin. Da die Geschichte aber mit diesem Ereignis viel zu früh ihren Höhepunkt oder gar ihr Ende erreicht hätte, muß die Königin in einem Zwischenstück (Str. 122–147) verschwinden, damit der Held auf neue Abenteuer ausziehen kann. Seinem Hauptabenteuer (Str. 243–272) mit der Erringung Blubenas geht eine lange Reihe von Episoden voraus (Str. 148 bis 242) (in Aufbau und einzelnen Handlungsteilen aus dem »Wigalois« übernommen!), die den Zweck von Persibeins Auszug völlig in den Hintergrund treten läßt und die Freude des Dichters an der stofflichen Aufschwellung besonders deutlich zeigt. An die Erringung der Gemahlin schließt sich eine weitere Kette von Abenteuern, wie sie auch »Erec«, »Iwein«, »Lanzelet« und der »Garel vom blühenden Tal« aufweisen (Str. 273–483), jedoch gelingt es dem Persibein-Dichter trotz der deutlichen Anspielung auf Hartmann (Persibein will sich nicht »verligen«) nicht, diesem zweiten Teil eine einheitliche Grundidee (menschliche Weiterentwicklung des Helden oder seine Bewährung als Ritter) zu unterlegen, sondern Persibeins nichtendenwollende Fahrt wird durch oberflächliche Kunstgriffe verlängert: wenn er nach Bestehen mehrerer Abenteuer schließlich nach Hause zurückkehrt, ist seine Gemahlin ausgezogen um ihn zu suchen, so daß er sich seinerseits auf die Suche nach ihr machen muß und dabei weitere Heldentaten vollbringen kann; er findet sie schließlich und kehrt mit ihr nach Hause zurück, wobei die Heimreise wieder Gelegenheit zum Bestehen ritterlicher Abenteuer bietet. Jedoch auch bei dieser Heimkehr läßt es der Verfasser nicht bewenden, sondern er fügt einen dem »Lanzelet« ähnlichen Anhang an: der Ritter muß noch einmal ausziehen und einige Heldentaten vollbringen, ehe er sich schließlich als Landesherr auf seine Burg zurückziehen kann (Str. 484–530).

Die Erzählung umfaßt das ganze Ritterleben des Helden, und die einzige Absicht des Dichters ist, durch die Schilderung dieses Lebens zu unterhalten. Abenteuer zu bestehen heißt für Persibein: Zweikämpfe mit anderen Rittern, wobei diese immer dem gleichen Schema folgen; Begegnungen mit phantastischen Wesen, deren Besiegung wie auch der Sieg in den ritterlichen Kämpfen Bedrängten Hilfe bringt; endlich das ungefährdete Betreten verzauberter Orte. Solche Abenteuer sind ohne einheitliche Motivierung aneinandergereiht und durch keinen Leitfaden mehr zusammengehalten. Selbst die Minne stellt kein Movens mehr dar, sondern ist stereotyp der Lohn für die einer bedrängten Frau gewährte Hilfe. Die typischen Figuren der Artuswelt sind alle mit ihren Charakteristika übernommen: Artus bleibt traditionsgemäß im Hintergrund, Gaban zeichnet sich durch seine Tapferkeit, Kei durch gehässige Schwätzerei und Überheblichkeit aus.

Nirgends ist an diesem Stoff die Hand eines wirklichen Dichters zu spüren, sondern der Verfasser ist unter jenen eklektischen Epigonen zu suchen, die aus überlieferten Motiven anspruchslose Unterhaltungsliteratur herstellten.

Von den beiden am stärksten ausgebeuteten Werken steht der »Persibein« dem »Seifrid de Ardemont« näher als dem »Wigalois«. Dem Epos Albrechts von Scharfenberg ist auch die Genealogie des Helden entnommen: Nach »Merlin« (Str. 236, 6–7) wird Arnives Tochter Soye aus der Ehe mit dem Herzog von Tintayol mit König Lot von Norwegen vermählt, ist also die Mutter Gabans. Im »Seifrid« erwähnt Albrecht eine in der übrigen Literatur nie genannte Schwester Gabans mit dem gleichen Namen, was sich, da Albrecht auch der Verfasser des »Merlin« ist, als bloße Übernahme erklärt. Diese Schwester Gabans, Sowe, ist die Mutter Persibeins.

Der »Persibein« ist zweifellos nach dem »Seifrid« entstanden;

eine mögliche Beeinflussung der beiden Gedichte in umgekehrter Richtung erwies sich als ausgeschlossen. Albrecht von Scharfenberg selbst kommt als Verfasser wohl nicht in Frage, da es zu unwahrscheinlich ist, daß er nach dem »Seifrid« ein kompositorisch so viel schwächeres Stück[24] wie den »Persibein« geschaffen haben sollte, für das er außerdem sein eigenes Werk in geradezu sklavischer Abhängigkeit ausgebeutet hätte.

Problematisch ist das Verhältnis des »Persibein« zu (dem noch ungedruckten) »Flordimar«, dessen Verfasser unbekannt ist. Fünf Motive aus dem »Persibein« kennt auch der »Flordimar«, und mit einer Ausnahme sind sie auch im »Seifrid« verwendet. Ein Vergleich der Einzelheiten zeigte jedoch, daß »Persibein« und »Flordimar« mehrere gemeinsame Abweichungen aufweisen, die sie von den wahrscheinlichen Vorlagen bzw. von »Seifrid« abrücken. Diese Übereinstimmungen in den beiden Epen sind so exakt, daß kein Zweifel daran besteht, daß einer der beiden Dichter das Werk des anderen gekannt hat. Welches aber zuerst entstanden ist und das andere beeinflußt hat, und ob sie gar beide den gleichen Verfasser haben, ließ sich, da nur Füetrers Bearbeitungen erhalten sind, nicht mit Sicherheit feststellen.

Trotz der nachweisbar häufigen Entlehnung von Eigennamen aus der Artusliteratur des 13. Jahrhunderts findet sich der Name des Titelhelden in keinem der sonst benützten Werke; er ist auch in den größeren Verzeichnissen der Tafelrunder (Chrestiens und Hartmanns »Erec«, Türlins »Krone« und Strickers »Daniel«) nicht aufgeführt. Am häufigsten erwähnt ist Persibein in Füetrers Werken selbst: so mehrmals im »Buch der Abenteuer« und außerdem in einem nach Singer[25] vermutlich zwischen 1469 und 1472 geschriebenen Verzeichnis von im »Buch der Abenteuer« verwendeten Eigennamen, das möglicherweise zu einer Vorstudie oder Programmskizze zu Füetrers Sammlung gehört hat.

---

[24] Dem »Seifrid« liegt eine einheitliche Fabel, das Märchen von der gestörten Martenehe (Panzer), zugrunde, um die sich die übrigen Episoden gruppieren.

[25] ZfdA 38, S. 205 f.

Vielleicht hat der Verfasser des »Persibein«, der zweifellos ein Anhänger Wolframs und seiner Nachfolger war, für den Namen seines Titelhelden die der beiden Hauptfiguren Wolframs benutzt: aus *Perce*val, *Parzi*val und *Ga*wein könnte Persiwein, Parsiwein = Persibein, Parsibein (mit bayer. b für w) entstanden sein.

Der »Gauriel von Muntabel« ist das einzige Werk außerhalb Füetrers eigener Produktion, in dem ein Persibein erwähnt wird: Die Innsbrucker Handschrift I aus dem Jahr 1456 nennt V. 3574 [26] in einer Aufzählung der Tafelrunder »Parcziben und Parczynyer«.[27] Diese Handschrift enthält somit zwei Namen aus zwei verschollenen Artusepen, die nur durch Füetrers Bearbeitung erhalten sind, denn Parczynyer ist der Sohn Flordimars,[28] und es ist möglich, daß der Schreiber von I sie schon in seiner Vorlage des »Gauriel« vorfand[29] und Konrad von Stoffeln den »Persibein« wie auch den »Flordimar« gekannt hat. Dagegen kann eingewendet werden, daß auch der umgekehrte Vorgang möglich ist: daß der Verfasser des »Persibein« den Namen seines Helden aus der Liste der Tafelrunder im »Gauriel« entnommen hat. Analog müßte dies aber auch für den Namen Parczynyer

[26] Nach der im 19. Jahrhundert in die Hs. eingetragenen Verszählung, die mit der Zählung in Khulls Ausgabe (Graz 1885) nicht übereinstimmt. Khull druckt aus unerklärlichen Gründen in seiner scharf kritisierten Ausgabe V. 3864 »Partriban unt Parcinier«.

[27] Die im Raum Ulm–Augsburg geschriebene Donaueschinger Hs. D aus dem 15. Jahrhundert kennt die beiden Namen nicht, es ist also anzunehmen, daß sie außerhalb des bayer. Sprachgebietes nicht mehr verbreitet waren.

[28] Vgl. Cgm 1, Fol. 149 ra. Der Name stammt wohl ursprünglich aus Hartmanns »Erec«, V. 1680.

[29] Die Hs. I wird von der älteren Forschung (Steinmeyer, AfdA 12, S. 262 ff., und Deck, Untersuchungen über Gauriel von Muntabel, Diss., Straßburg 1912) der Hs. D vorgezogen, dagegen jedoch neuerdings H. de Boor, Geschichte der deutschen Literatur von den Anfängen bis zur Gegenwart, Bd. 3/1, München 1962, S. 82. Daß Eigennamen aus zwei verschiedenen Epen durch den *Schreiber* in die Hs. gelangt sind, halte ich für unwahrscheinlich.

gelten,[30] da der »Persibein« und der »Flordimar« in unmittelbarer, wohl auch zeitlicher, Nähe entstanden sein müssen. Probst konnte jedoch nachweisen,[31] daß der Pleier den »Flordimar« für seinen »Meleranz« benützt hat. Der Pleier ist aber vor Konrad von Stoffeln anzusetzen; demnach muß der »Flordimar« vor dem »Gauriel« entstanden sein, und es besteht kein Grund, den »Persibein«, der so eng mit dem »Flordimar« verwandt ist, später als den »Gauriel« zu datieren. Die Entstehung des »Persibein« wird demnach in die letzten Jahrzehnte des 13. oder den Anfang des 14. Jahrhunderts fallen, wobei der »Seifrid de Ardemont« und der »Jüngere Titurel« als die jüngsten der nachweislich benützten Werke den terminus post quem bestimmen. Die enge Verwandtschaft zum »Flordimar« und die Hypothese, daß Konrad von Stoffeln möglicherweise den »Persibein« gekannt hat, spricht gegen einen zu späten Ansatz – etwa nach der Mitte des 14. Jahrhunderts.

Aus der uns überlieferten Bearbeitung geht einwandfrei hervor, daß das Werk dichterisch auf keiner hohen Stufe gestanden hat, sondern nur ein Glied in der Kette epigonaler Bemühungen war, die Artuswelt noch einmal lebendig zu machen. Ulrich Füetrers Verdienst aber liegt darin, diesen Versuch zweihundert Jahre später noch einmal unternommen und uns dadurch wenigstens den Inhalt eines verschollenen Artusepos' bewahrt zu haben.

Zum Schluß möchte ich neben den zahlreichen Freunden und Kollegen, die mich mit ihrem Rat unterstützten, vor allem Herrn Privatdozent Dr. Reiffenstein, München, für wertvolle Hinweise

[30] Probst hält es in seiner Untersuchung über Poytislier und Flordimar, S. 88 f., für wahrscheinlicher, daß Konrad von Stoffeln den Namen aus dem Schluß des »Flordimar« übernommen hat, wo er aus der Menge der anderen Namen herausgehoben ist, als daß er ihn als einzigen aus der Fülle der bei Hartmann Genannten ausgewählt hat.

[31] a.a.O. S. 220 ff.

danken, ferner den Direktoren und Mitarbeitern der Handschriftenabteilung der Bayerischen Staatsbibliothek in München und der Österreichischen Nationalbibliothek in Wien, die mir jederzeit die Arbeit an den Manuskripten ermöglichten, sowie dem Museum Ferdinandeum in Innsbruck. Mein besonderer Dank gilt meinem verehrten Lehrer Prof. Dr. Hugo Kuhn, unter dessen Leitung diese Arbeit entstand [32] und der sie in jeder Weise gefördert hat.

Christchurch/Neuseeland, August 1962   Renate Munz

---

[32] Die hier vorgelegte Textausgabe ist Teilabdruck einer im Februar 1961 von der Philosophischen Fakultät der Universität München angenommenen Dissertation.

PERSIBEIN

I   Nye hept sich an die ritterlich awentewr von her Persibein,
der von erst den Florant fanndt vnnd in zue Karidol pracht; ain
vastt tewrer ritter der gesellschafft von der tauel runndt.

1   O weishait aller dinge,
    götliche maiestat,
    dw vrhab vnd vrspringe!
    ee ye vnnd ye angenng genummen hat,
    da hat dein ye das ymmer gar durch messen,
    dy höch vnd das ab grunde.
    des hastu ain der weishait stúel besessen.

2   Wie sich der himel scheybet,
    das firmament auch dran,
    dein macht das alls vmb treibet!
    dar gegen sicht man wider strebent gan
    Sodiacum, der mit im schon vmb fúeret
    planeten siben durch zaichen / zwelff,   A 112 vb
    so das er weder himel noch erd nicht rúeret.

3   Des weishait nye angennge
    gwann, noch hat enndes ortt;
    diss alls ist mir zu strennge,
    das ich nicht kan noch wil euch sagen fortt,

I,2 florannt B   1,2 maistat A
1,1 *Initiale nicht ausgeführt B*   2,5 Zodiacum B

1

seyd es thúet mennschen synn hoch über fliegen.
wollt ich lanng plicken in die sunn,
so wurd ich sehenns mich et selber triegen!

4   Dem alle hertz sind chunnde,
    dem sey das auch beuolen
    yetz vnnd zue aller stunnde.
    herr, ob ich gnad zúe dir des möcht erholen,
    das mich dein gúet mit künsten taw erfewchte,
    das ich ains ritters lob prächt für
    von Bayrnn aim edlen fürsten hoch durchleuchte.

5   Des hertz nye annders synnet
    gar auf von chindes iugent,
    wann das er ye her minnet
    volkumenhait vnnd rechter adels tugent.
    des ist sein wird erschollen menngen ennden;
    manicher im darumb legt / lag,   B 182 rb
    der in thett gernn sölicher wirden pfennden.

6   Manlich Fraw Eeren kempffe
    ist diser fürste gros;
    das man ir wird nicht tempffe,
    drumb gibt Fraw Werre̜ im manngen widerstos.
    wie dem, er ward doch zaumlos nye gefunnden.
    wer lasters punnder auf in mass,
    da von gwann er nye masen oder wunnden.

7   Dem werden wil ich sagen
    von aim ritter gehewr,
    was der pey seinen tagen
    pegienng vnd auch erstrait der awentewr.

5,5 erschollen *zwei hellblaue*   5,7 thät *B*; solicher *B*
     Punkte über dem o   6,4 manigen *B*
     (Farbe?) A

2

er ward sein feinden ain vil strennger hagel,
zúe iagen was er ye der erst,
zer flucht was er ze hindrist gar der zagel.

II   Abentewr, wie her Gaban, Ylinot, Galwadires vnnd Gaha-
ret den Florannt funnden.

8   Ir habt von künig Artause
zue menngem mal vernummen,
wie das in seinem hawse
ritter waren an eeren gar volkumen;
vnnd wer durch not icht hilffe von in gerte,
so ward nye not so hertt pechannt,
der durch sein pet icht schied von in entwerte.

9   Sunst si durch abentewre
ersúechten uil der lanndt,
mang frais gar vngehewre,
dar durch yeder sein preis zue höhe panndt.
diss was ir aller sitt zue allen stunden;
sy ritcn pirg vnnd menngen walld,
oder wo si sunst et awentewre funnden.

10   Nw höret frömde märe,
was zue ainr zeit peschach:
vier degen lobepäre
verwappent wol zúe velld man reiten sach.
entsampt si wolten für den Roas reitten
in das vorecht Precilian,
ob si durch preis icht funnden dort zúe streitten:

8,4   warn *A*   10,1   Nun *B*

3

11 Gaban herr von Norwage,
    vnnd Ylinot der / annder,   A 113 ra
    Galwadires, sein mage,
    der vierd was Gaharet, an dem bekannder
    manhait uil groß zer wellt; in par sein / schwester, B 182 va
    chünig Gramoflanns sein vater hiess,
    zúe Gyrenlannd ain ritter gar nott vester.

12 Sy ritten pirg, geuillde,
    dy degen vnerforchten,
    mit sper, schwertt vnnd auch schillde.
    an mengem ennd mit streit si wunnder worchten.
    alls si zue Nantis wolten wider keren,
    do funnden si ain perg uil hoch,
    dar zúe riten dy kúenen degen heren.

13 Nu mainten zúe erwinden
    durch nicht dy helld gehewr,
    sy wolten ye pefinden,
    ob auf dem perg icht wär von awentewr.
    sunst si mit nott auf das gepirge chummen,
    kain wunniclicher riechen
    hettens pey all ir zeit nicht mer vernummen.

14 Vil mennger vogel dönen
    hortens aus súessen kelen
    auf disem annger schönen.
    Gaban der iach: »ich wän es müg nicht velen,
    wir finnden hie alls Titurell ain grale
    in diser freudenreichen wunn.«
    dy anndernn hofften auch des sunnder twale.

12,3 vnnd auch] vnnder B   14,4 välen A
                                      5 tyturell B

4

15 Zue mittem annger sehen
thetten si ainen stain,
des glanntz gen in gunnd prehen,
so das der nachte trúeb da pey verschwain.
si sahen dran Sol, Venus, Mars vnnd Mone,
Marcurius, Saturnus, Iupiter,
wie es stet am Sodiacus dort schone.

16 Si mochten nicht genahen
dem stain, wie sis an viengen,
wann das si in an sahen.
inn dem zúe iren orsen si palld giengen,
riten zúe Nantis vnnd sagten all den werden
von disem vorecht wuniclich,
vnnd das so schöns nyndert mer wär auf erden.

17 Si rieten all gemaine
Artus dem tugentleichen,
er sollt nach disem staine
werben mit seinen rittern ellenßreichen.
sunst legt er ain geiägdt hin für den wallde
mit rittern vnnd auch frawen.
pcy ainr aw da floß menng pründlein kallde.

18 Gaban sich vnnderwannde   B 182 vb
mit all den zartten frawen
zúe súechen den Florannde.
verirret riten si vmb in der awen,
si súechten voren, neben vnd da hinden;
wie sis ett ane vingen,
so mochtenns dise wunn gar nynndert finden.

15,5   mane A
  6   Saturny A

18,4   verirrt B
  5   voren] vorn AB

5

19 Sunst die gar kúenen degen
    súechten zúe ettlichen tagen;
    múesten sichs doch verwegen.
    Gaban das haimlich dick pegunnd zúe clagen.
    Kay sprach zúe den hellden allen vieren:
    »ir hapt ain reichen funnd gethan,
    mein herr, acht, das wir in durch nicht verlieren.

20 »Ey wie her gen der sunnen
    der stain in augen liert!
    secht, wie die vogel mit wunnen
    singen in disen plúemen schon geziert!
    wir han der fart vnns her zúe lanng versaumet,
    ich wän, von súesser plúemen schmack
    hat disen helden / zue ainer fart getrawmet!«   A 113 rb

21 Gaban den spot vertragen
    múestt, wann er seine sitt
    vor kenndt zúe menngen tagen.
    sollicher fúeg im wonet allczeit mit.
    »sollt er den spot nicht haben ausgesprochen,«
    iach all dy diet gemaine,
    »das er pey nam der red múest sein zerprochen.«

III   Abentewr, wie Gabanen pegegent ain chnab auf ainem
pfärd.

22 Darnach an ainem tage
    rait aus durch abentewr
    aber nach preis peiage
    Gaban, do gegenndt dem hellden vil gehewr

19,7 durch *fehlt* B   III,1 pegegnät B

6

ain chnab, des wat erglestt von edellm gstaine,
ain wuniclichen schmack er kos
von plúed, das lag auf disem iungen raine.

23   Er fragt den chnaben mere:
von seinen magen allen,
wo er gewesen were
dy nacht; »wo ist das plúed auf euch geuallen?«
er iach: »ich lag dy nacht heint in ainr awen
in ainem súessen vogel schal,
das ich vor nye so schönes thett an schawen.

24   »Do lag ain stain, den augen   B 183ra
gar lustlich an zú sehen;«
nu wistt das herr, an laugen,
von meinen magen kan ich euch nicht veriehen.
ich thúe et irrig in dem lanndt vmb keren
vnnd súech ainen, der haistt Artus,
des hof vnd messenney säch ich uil geren.«

25   Gaban wol an im spurte,
an seinem schönen leib,
er wär von hoher purte.
er dacht: »was ob ers thúet durch werde weib?«
sunst was sein pärd vnnd wort in chindes weyse.
Gaban iach: »nw chum dann mit mir,
ich pring dich zue Artus dem Prytoneyse.

26   »Kündt ir icht zúe dem staine,
da ir seyt heint gewesen?«
do iach der chnab uil raine:
»da ich nächt hab manng schöne plúem gelesen,

22,6 koz A   24,3 Nun B
    7 plúed] plúe AB   25,7 Artaus B
23,2 mägen B   26,4 mannge A

dar weys ich euch an irr dy rechten strassen.«
Gaban zúe hof sagt dise mär,
des freudt der künig vnd dy dyett sich an massen.

27 Mit gar frölichem schalle
der chnab do ward entpfanngen
von ritter vnd frawnn mit alle.
noch thett ock sy nach ienem stain verlanngen.
der chnab iach: »kumpt mit mir mit ewrm gesinnde,
ich waiß dy weg vnd strassen dar,
das ich dy plúemen vnd den stain schnelles vinde.«

28 Mit schoye sich mouieren
das her ward auf dy fart.
dy stolczen ritter zieren
zogten hin gen dem perge schon geschart.
da sahen si dy plúemen reichen awen.
am Florant schon geschriben stúend,
inn sollten erwegen nicht dann keusche frawen.

29 Artus der tugentreiche
sanndt nach den frawen clar.
Gynofer dy minicleiche
pracht / mit ir ain uil wol geflorte schar.   A 113 va
nw hörtt wer disen stain von stat múest tragen,
ir zwelff ich euch der hie penenn,
dy wirden pflagen vil pey ieren tagen:

30 Gynofer, Yblis, Eneyte,
Klaudit, Florey, Richawd,
Antzikon, Liaß, gefreyte

27,7 den] di B   29,4 wol *von späterer Hand*
28,3 Rittn' A   *eingetragen* A
  6   floranndt B   5 nun B

vor allem / valsch, Dulciflor vnd Ieschawd,
von Lalannd Künewar, dar zúe Gundreye,
dy húeben do den stain enpor.
nicht mer ir dem stain mochten kumen peye.

31 Si trúegen in all pallde
    den perg hin ab zúe tal
    mit freuden maniguallde.
    von ritter vnd frawen húb sich frölicher schall.
    genúeg ir mochten mit alle nicht gesehen.
    Kay zúe herrn Gaban iach:
    »wie mügt ir lan den frawen so laid peschehen!

32 »Nu schaw ain man vnnd warte
    zúe disen frawen clar,
    wie tragen si so harte!
    nw eylet schnell vnnd kumpt zue hilff in dar!«
    »Pfaff Ameis ist ett hie mit seinem liegen,
    der den künig mit all seinr diet
    zúe Kärling thett mit seim gemäld betriegen.«

33 »Das ir gemaine iehet,
    wie ir eln claren stain
    dy frawen tragen sehet!
    der vollge nach gich ich euch harte clain!
    ich pin et sehens auch doch nicht erplenndet,
    wer gicht er sech des ich nicht sich,
    der hat der warhait hönlich sich gepfenndet.«

34 Der wort er traib genúege
    dort pey der werden schar,
    wie dem mit schönem fúege

30,4 dultziflor B   32,7 kerlingen A
   6 entpor B   33,2 clarn A

9

pracht man zúe Karidol den Florant clar.
dar pey man mocht vil mengen werden spúeren,
wer misse wennd peging,
der kund dem stain genahen nicht noch an rúeren.

IV Abentewr, wie ain pot cham vnd sagt von dem chnaben
Persibein vnd von seiner artt, vnd pracht in zúe synnen.

35 Noch louff in kindes weyse
pey diser messeney
der knab schön vnnd kurteyse,
so kumpt ain garzun, der was freuden frey.
man fragt den, was im wär zúe laid peschehen,
in dem sicht er den chnaben iunck;
er iach: »ich mag von freuden uil ueriehen:

36 »Das ich lanng hab gesúechet,
han ich mit freuden funnden,
Fraw Säld meins hailes rúechet!«
er loff zum chnaben, vmb vienng in an den stunnden.
Artus fragt in, wer diser chnabe wäre:
»Salaththiser auß Irlannd ist
sein vater, ein reicher künig lobepäre.

37 »Wer sein nam well erkennen
kan ich gesagen wol:
Persibein man in nennen
von allem recht mit seinem namen sol.

34,4 florannt *B*   36,3 sälld *B*
    7 *vor* nicht *und* an *jeweils*   5 chnab *A*
      Lücken (Rasuren) A;*   6 Salathihiser *B*
      ... genahen et nicht noch
      in an rúeren *B*

10

er was ye rain, millt, züchtig vnd getrewe,
des hat dortt all dy messeney
von seim abwesẹn verlangenliche rewe.

38   »Sowe her von Norwage
zúe recht sein múeter ist.
zúe ritterschafft alltage
der iung sich / vebt. mein fraw erdacht ain list,   A 113 vb
das er ir nicht ains tages auch entrunne
alls Parciual fraw Hertzenlaut,
der ir zuckt aus ir hertzen freud vnnd wunne.

39   »Ain pfaff ir ain gestüppe
im macht von zauber groß.
da er noß das gelüppe,
des ward der knab zúe hannd der witze ploß.
seim pfärd gab er sein witz, gelaubt das märe!
ich mach in wider synne reich
mit ertzeney uil schier ichs wol pewäre.«

40   Sein recept er schnell machet
vnnd potts dem iungen zieren,
des menng hercz frölich lachet,
wann im sein sewch uerschwunnden aus dem hieren.
sein ors das ward ganntz aller witzen läre.
in daucht wie er aus ainem schlaff
von ainem trawm vil schwär erwachet wäre.

41   Gaban der kúen weygannde
sprach zúe des hoffs gesind:
»ist er her von Irlannde,

37,5 millt *fehlt A*   39,1 gestippe *A*
38,1 herr *B*   5 glaubt *A*
    3 alle tage *A*   7 ertzeney] ertzney *AB*
                               40,4 dem] seim *B*

pey nam, so ist er meiner schwester chind!
so sey er got vnnd mir her willikumen;
von seiner gegenwürte
wirt traurens uil aus herczen mir genummen.«

V   Abentewr von aim turnay zue Kanndia vnnd wie es Persi-
bein von ains arn wegen ergienng.

42   In dem gross poten sagten   B 183 vb
     zúe hof in newe mär
     den rittern vnuerzagten:
     wie das zúe Kandia geleget wär
     ain turnay reich von hellden aus erlesen,
     dar sollt aus allen lannden
     kumen ia wer gúett ritter wolltte wesen.

43   Do diss Gaban vername
     er iach: »dar wil ich keren.«
     zwelff ritter lobesame
     thetten gesellschafft des mit im wol geren.
     sunst rüst er sich aus mit seinr messenneye,
     sein iungen nefen er mit im fúert,
     das er säch ritterschafft vnd sunst turneye.

44   Ains tags si sahen fliegen
     ain arn über ir her.
     Persibein iach: »nicht triegen
     mag vnns der ar; ich pin des ewr wer,
     das wir nacht selde heint vil gúete finnden.

<table>
<tr><td>V,1</td><td>Candia B</td><td>43,5</td><td>rust A</td></tr>
<tr><td>42,4</td><td>Candia B</td><td>7</td><td>sach A</td></tr>
<tr><td>43,4</td><td>gesellschaft A; wol fehlt AB</td><td>44,5</td><td>selde] seld A; selld B</td></tr>
</table>

leyd wir icht kumer auf der fart,
das well wir heint mit rẃe gar überwinden.

45 Gaban dacht: »czwar, betriegen
    múess dich dein vngelaub,
    der ar dir heint múeß liegen
    wie ichs gefúeg, gemachs ich dich beraub.«
    er iach: »reit hin, du sollt vnns allen trachten
    vmb ainen wirt vnd herberg gúet,
    da ich vnnd diß gesind heint pey penachten.«

46 Hin rait der helld uil drate;
    er sach zer stat vnd velld,
    das man geherbergt hate:
    vil pauilun zerspannen auf dem velld
    sach er, dy gassen mit schillten gar pehanngen.
    er fannd ett herberg noch gemach,
    des was sein hercz mit sorgen gar vmb fanngen.

47 Ain herr in vmbe reitten   A 114 ra
    sach irrig in den gassen;
    er rúefft im dar von weitten:
    »was ir hie súecht sollt ir mich wissen lassen!«
    er iach: »mein öhaim hat mich her gesenndet
    zúe súechen sein nacht selde,
    so sind herberg vnnd hewser gar verpfenndet.«

48 Der herr iach: »helld, nw sage,
    wer ist der öhaim dein?«
    »Gaban, herr von Norwage.«
    er iach: »der múes mir wilikumen sein!
    er ist / ain gast mir lieb vnd aus gesunndert,   B 184 ra

46,1 Hin] Ein *A*   47,1 vmbreitten *B*
  5 gassen] gaffen *A*   48,3 norbage *B*

ich schaff im rúe vnd guet gemach,
ia, ob er fürt ritter mit im drew hundert.«

49 Dy herberg vil reichleichen
gerichtet ward den werden;
nw chamen dy ellnnsreichen,
vor disem haws erpaistens zúe der erden.
der wirt fúrt si zu gmach mit grossen freuden.
»mich hat petrogen nicht der ar«
sprach Persibein, »ich mag von hail wol geuden.«

50 Der wirt von reichait wunnder
erpot sein lieben gesten.
Gaban gedacht hier vnnder
seins nefen dick, in vngelauben vesten
wurd er da von, ob er nicht hette mangel
freude, der man sunst wielte;
ditz stach sein hercz geleich dem scharffen anngel.

51 Gaban pot pey seinr hullde
den seinn, das sis nicht liessen,
sein nefen mit vngedullde
thäten in ainen stal sunnder uerschliessen.
diss ward uolpracht, er sass gar freuden aine,
wie sich zúe hof frewdt all dy dyeth.
zúe iüngst ain liecht vnferres im erschaine.

52 Dar pey ain maget siczen
sach er in reicher wat:
aus clarem golld ergliczen
menng rubin thet, schmareis vnd auch granat;

49,3 Nun B; chomen B;   51,1 seiner B
      ellensreichen A   2 sein A
50,6 der fehlt AB   4 ainen] ain B

ir angesicht gleich nach enngels weys gepilldet.
von seim wesen in der prisaun
wär er seins múets uil nach all dortt erwilldet.

VI   Abentewr, wie Persibein zúe des grafen tochter cham. vnnd
wie im mit ir gelanng.

53   Er trachtet menigem ennde
      paid wider vnnd auch für,
      so sicht er pey der wennde
      ain laden clain nach pey des stalles thür.
      mit dem so chreffticlich pegunnd er ringen,
      pis er gwan wol dy weytten,
      das er mit rúe mocht durch dy wannd auß dringen.

54   Er ging, do er dy maget   B 184 rb
      gar ain dort sitzent fannd.
      ains tails aus vnmúet si̦ fraget:
      »sagt an helld, wer hat ewch suns her gesanndt?«
      er iach: »hörtt fraw, nw zürnet nicht zúe sere,
      lat mich hinn pleiben wo ich mag,
      flech ich euch durch all ewr weiplich ere.

55   »Mein öhaim mich pesunnder
      verschlos dort von den leutten;
      nw hörtt durch wellche wunnder!«
      (von dem mews arnn thet er ir gar pedeutten.)
      sy sach sein schön vnd pärd uil wol gezogen,
      auch / nannt er ir gar all sein künn.   A 114 rb
      des kam Fraw Mynne stral zúe in geflogen

53,1 menigen B   55,3 nun B
54,5 nun B

15

56 Vnd traff zúe mittem herczen
das minnicliche weib.
dy wund pracht freud vnd schmerczen.
si iach: »von gmach ich euch heint nicht vertreib.
durch ewr künn wollt ir mein eer versorgen
vnnd mein mägtliche wirde,
ich läg euch pey piß an den liechten morgen.«

57 Er iach: »mein eer ewr pfannde
sey, vnnd mein peste trew!«
der mynne fackel prannde,
da von ir hercz in amorschafft erst new
ward von mynniclichem vmbẹfahen,
der mennger do von in geschach;
prust, mund an mund paide si truckten nahen.

58 ›Ich mag ett schweigen nymmer,
Fraw Abenntewr vnnd Mynn!
mich wunderts hewt vnd ymmer,
das ir paid habt so vnerspürlich synn.
menng man het nach der súessen mynn gerungen
mit ritterschafft uil lannge;
so was dem hellden kurtzlich do gelungen!‹

59 »Zwar, ich mag dich wol gleichen
dem vngehoften man;
wem hail icht zúe thúet schleichen,
das er dem durch sein neyd nicht des engan.«
so sprach Fraw Mynn: »dw gauch vil vngehewre,
du verbanst dem werden dạrumb, das dir
was all dein zeit ie solich haịl gar tewre!«

60 ›Ich thúe ett, fraw, verhelen
   mit all euch dise wort.
   kund er nun mynne stelen,
   er hett vor im hie reicher mynne hort!
   ich denck, hett man sich suß nach mir versenet,
   alls dortt / pschach nach dem hellden iunck,   B 184 va
   ich wän, der sewch het ichs uil schier entwenet.‹

61 »Ich pin noch für si clagen,
   das dise nacht all kurcz
   nicht wert zúe dreyen tagen.«
   sy nam da allzúe gahen wider sturcz.
   sy lagen uerschrenckt mit vier armen plossen,
   wie das sein öhaim wär gewis,
   er hiet dy nacht in freuden gar uerstossen.

62 Nu morgens alls es tagte,
   do gab dy maget rain
   dem hellden vnuerzagte
   ain schappel, das glestt von gold vnd clarem gstain.
   im ward meng súesser segen nach gesenndet,
   si pat, so es zer nacht dann zug,
   das er des enndes aber zu ir lenndet.

63 Alls die sunn her ward glesten,
   do chumen auf den sal
   ritter, dy kúen vnnd pestten,
   woltten peraitten sich hin auf das wal.
   zum turnay wolten sich die helld mouieren.
   Gaban im sein streitliche watt
   hiess pringen dar Persibein, den uil zieren.

60,3 nw B   61,4 gächen B
   4 hett] hot oder hat B   5 verschrencket A
                                   62,1 Nun B

17

64   Man pracht dem degen milde
dar harnasch vnnd auch schwertt,
paid, helem vnnd auch schillde,
dar in gurtt Persibein, der uil werdt.
alls er dy spornn vmb spien im vor in allen,   A 114 va
aus seinem púesem an dy erd
sein schappel liecht im schnelles thet entpfallen.

65   Schnell ers wider auf zuckte,
da im diss was beschehen,
vnnter arm ers palld schmuckte;
doch wie es het her Gaban wol gesehen
er dacht: »ich want du wärst freuden petrogen;
pey diser gab ich mercke wol,
das dir der ar pey nam nicht hat gelogen.«

66   Man zoch sein ors verdecket
dar disem fürsten frey.
dar auf des tags erstrecket
sich wol sein múet. ain pfell von achmardey
was kursitt, vnnd sunst all sein kobertewre.
menng ritter kert mit im zúe velld;
der zimier glennczt von gstain geleich dem fewre.

67   Sunst húeb dy vespereye   B 184 vb
sich an mit lauttem krachen,
dy hellden schannden freye
auf schilten hertt vil starcker sper zerprachen.
was mennges gier durch streyt ye súecht, das fannder.
da worcht Gaban mit frecher tat,
da von vil ritter lagen in den plúemen glannder.

64,3 hellm B   64,7 enpfallen B
    4 dar ein gürtt... B   66,7 gleich B

VII   Abentewr, wie Persibein zue der künigynn gezellt cham.
vnnd wie si sich verainten.

68   Nw alls man gen dem abent
     zúe herberg wollte ziehen,
     gemain dy diet gar gabent
     den höchsten preys Gaban, den ye thett fliehen
     ia alles des, den man ie kund vnpreysen.
     menng fürst mit im zu herberg rait,
     mit schalle groß thet man im wierd peweisen.

69   Entwappent an der stunnde
     ward er von all den seinen.
     sein preis von menngem munnde
     gesaget ward. noch thet sein hercz ser peinen,
     das seim öhaim des nachts so was gelungen.
     er schúeff, das mann zer nacht nicht ließ,
     man stieß aus für des hawses thür den iungen.

70   Allsuss múests auch peschehen,
     da ins ir herr gepot.
     was er si gunde flehen,
     er múest aus; diss was im ain schwinde not,
     durch das er nicht zer maget mer mocht chummen.
     von im manng chrumber vmbeschwayff
     ward vmb das haus dy nacht uil dick genummen.

71   Auch ward sein mit verlanngen
     gewartet von der claren.
     diss was et vnterfanngen.
     er gienng da in ain haws, der lewte waren
     ain michel tail, die pey dem weyne sassen.

68,1 Nun *B*   69,6 mann] man *AB*
    2 ziechen *A*   71,2 clarn *B*

19

durch gogelhait si irer zucht
mit wortten scharff gen annder dick vergassen.

72   Dy zeit im ward uil lannge,
er húeb sich von in aus.
von geschicht geriet sein gannge
zúe ainem wirt, der hiess in in das haws,
da er hiellt mengen ribalt pey den weyben.
er sach do gar uil vngepär   B 185 ra
dy pröden weyb mit vnfüer vor im treyben.

73   Schnell er hin von in gachte
vnnd kam nun auf das velld,
do er mit reicher achte
sach auf geschlagen der künigin gezellt.
er dacht: »Fraw Säld zúe nicht mein heint wil rúechen,
wie es mir gee so wil ich doch
pey iener werden diet dort nacht seld súechen.«

74   Alls er kam dar geganngen
vnnd in die wachter sahen
er ward hönlich entpfanngen:
»ewr vmbschwaiff ist durch var vnns all zúe nahen,
durch spech villeicht ir meiner frawen laget.
vart hin, ee ir so wert pelont,
das ir ewr haupt vnd rugken morgen claget!«

75   Do iach der wolgeporen:
»ir nemet all zúe ser
ew gen mir gähen zoren.
durch tagaldy pin ich sunst kummen her,
vmb herpffen, sagen oder fröeliches singen!«

72,4 hiess in] hett ett *AB*   74,2 sachen *B*
73,5 sälld *B*   7 ewr *fehlt AB*
                                 75,3 gächen *B*

si merckten gar sein züchtig pär,
das er kundt fúege uil zúe sölchen dingen.

76 Der chünigin chamrere
sprachen, ob er icht kundt
solichs für lannge schwere,
das ers an fienng. Persibein an der stund
húeb an ain mynne lied vil wol durch schönet:
»wer dient nach hocher mynne,
das in auch drumb die súesse mynn pelonet.«

77 Elisabell dye küniginne
sein sannck het wol vernumen.
si iach zer maisterinne,
das si den iungen helld hiess zúe ir chumen.
do si sein clares vel pegund an schawen
zúe hanndt dy súesse mynne kam
vnnd thet ir hertz zu verche gar verhawen.

78 Dye künigin in fragte
mit alle dise mär,
(das ers uil recht gar sagte!)
durch wew er zúe dem zellt dar chummen wär.
er iach: »zúe haus di zeit mir was verdrossen,
ich wollt ain weil erpanichen mich,
do ich kam wider, das haus mir was uerschlossen.«

79 Dy küniginne here   B 185 rb
fürbas in fragen ward.
si sprach: »nu sagt mir mere
von ewrm künn vnd sunst gar ewr art.«

75,7 solichen B   77,4 iungen *fehlt* A
76,1 Chameräre B   78,7 beschlossen B
   3 Sölichs B; schwäre B   79,1 kuniginn B
   5 an *fehlt* B   3 nun B

21

er húeb an, sagt ir anfanng pis zúe ennde,
vnd wie er käm zúe Karidol,
auch das sein gschlecht lebt sunnder misse wennde.

80   Alls die nun hett vernummen
     geschlächt vnd seinen namen
     erst hiess si in sein wilikumen;
     mit schöner fúeg si sich saczten zuesamen.
     si iach: »wellt ir icht hie nach preyse werben?«
     er sprach: »hiet ich des stat, mein will
     liess disen turnay meinthalb nicht verderben.«

81   Er sprach zer lanndes frawen
     Elizabell der clarn:
     »menng zimierd wurd verhawen
     in ewerm diennst.« si iach: »uil wol pewarn
     lass ich euch mit prünn, hellem vnnd auch schillde.«
     in kouertewer schwartz geuar
     wollt si in mornens schicken aufs geuillde.

82   »Kundt ir nach werder mynne   A 115 ra
     in ritters fúere leben?«
     so sprach dy chüniginne.
     »ich kan entpfachen mynn vnnd mynne geben.«
     »ich gib euch mynn, dient ir hye pey den werden.«
     er iach: »petagt mir diser wunnsch,
     wär mir ain freud vor allem hort auf erden.«

83   Dy red ettwar lanng werte,
     pis menigclich ging zue rúe.
     ettlichen múed nun lerte,

79,7 geschlächt B   81,5 hellem] hellm AB
81,4 ewerm] ewrm AB;   6 kouertewer] kouertewr AB
      pewaren A   82,5 entpfahen B

22

das im der schlaff schnell zoch sein augen zúe.
der marschalck vnnd ir maistrin pey ir pliben
vnd Persiben der clare,
da si uil mennger hannde kurtzweyl triben.

84 Zúe hanndt die küniginne
    zúe irem marschalck sprach
    vnnd zúe ir maisterinne:
    »was ich noch mann mit augen ie her sach,
    so ward mir clärer vel nie mer erkennet,
    auch ist sein purd von gslecht also,
    das man sein künn ye zúe dem höchsten nennet.

85 »Ob er des zúe mir geret,«
    so redt die chünigin,
    »er wurd von mir geweret
    meinr amorschafft, da pey getrewer mynn.
    ia, ob er es zu stäter kanschafft mainet,
    wollt er der suene sprechen,
    ia, so hiet des willens ich mich pald verainet.«   B 185 va

86 Do iach der freuden gaile,
    der iung helld Persibein:
    »ob mir petagt das haile,
    gerecht vnd stäte mynn, fraw künigein,
    sollt ir allzeit mit trewen pey mir finden.
    durch ewr súesse mynn wil ich
    morgen zúe velld ritterschafft nicht erwinden.«

87 Ain mynne kus versigelt
    dy amorschafft zue stund,
    da wurdens vmbe rigelt

84,2 irm B   84,6 geschlächt B
   4. man A; gesach B   87,2 stúnd A
   5 clarer B   3 vmb B

23

mit armen planck. mir selb ich auch wol gund,
das mir der ar ain sölich nacht seld weyset.
Fraw Mynne michs ye gar erließ,
si schúeff, das mir ye solich hayl entreyset.

88 »Aus aus du thor uil öde!
war senstu dich nach?
du pist der wird zue schnöde,«
Fraw Mynn aus gähem zoren zúe mir sprach.
»vach, das du dirs ymmer mer darfst gedencken:
für solich gmach schaff ich dir wol,
das du schlefst pey den iunckernn auf den pencken.«

89 ›Nw höret, mein Fraw Mynne,
nie kaiser ward so reich,
künig noch küniginne!
mein denck seyen im allczeit wol geleich.
an not thúet ir ewch zorens gen mir nyetten,
vnd ir wisst aigentlichen wol,
das gedänck vnnd wunsch man nyemant mag verpietten.‹

90 Der marschalck vrlabs gerte,
zue rúe er pallde ginng.
dy fraw ins willig werte.
Persibein pey seinr claren hant si ving.
si iach: »ich wil mein recht gen euch vor dingen;
ob ich euch läg durch mynne pey,
das ir an danncks mir nicht wellt ab ertwingen.«

87,5 solich B
88,1 Suss aus du... A (Irrtum
    des Rubrikators, der vor-
    gezeichnete Repräsentant
    A ist noch zu erkennen)
  4 zoren] zorn AB
  5 darfst] tarst B
  7 Iunckherren B

89,1 Nun B
  5 zorns B
  6 aigenlichen B
  7 gedenndk A; verpietten] i
    aus t korrigiert A
90,1 vrlaubs B
  2 pald A
  4 clarn B
  6 leg A

24

91   Diss ward verlobet veste
      pey ritterlichen eren.
      ob ichs ioch annders weste,
      ich wollt es in nicht wann zum pestten keren.
      wie dem si lagen mit armen planck vmb gürttet
      vil nach pis das die morgen rött
      mit schein her durch dye graen wolcken füertet.

92   Morgens ward von in paiden,
      alls es pegunde tagen,
      erhaben ain rewig schaiden.
      si iach: »hör súesser hort, nu laß dir sagen,   B 185 vb
      sich, das du dich zúe abent zúe mir fúegest,
      so diser turnay ennde hat.
      ich dächt pey nam du anndre mynne trúegest.«

93   »Wie irs, fraw, zúe mir geret,
      mein will ist des perait.«
      hie mit er von ir keret
      vnnd dacht: »Fraw Sälld, seyd si mir nicht versait
      ir gnad, des mich wol mag auf erd penúegen;
      ich dien noch hewt meinr frawen grúeß
      mit ritterschafft, wie ich ditz mag gefúegen.«

94   Alls nw der wolgethane
      zer herberg was hin chummen,
      da het der helld Gabane
      mit all den seinen messe nu vernumen.
      er iach: »durch rúe ewerm arn eer erpietet!
      ia wän ich wol, das ir die nacht
      an pett auf stro euch legers hapt genyetet.«

91,2 ritterleichen B   94,1 nun B
92,4 hör súesser hortt min lass   5 ewerm] ewrm AB
      d. s. B   6 wän] wënn A
   7 mynn A

25

VIII   Abentewr, wie ritterlich Persibein die künigin von Cann-
dia im turnay erwarb.

95   Gaban pat im dar pringen
     schillt, hellem vnd sein sper;
     er wollt nach preyse ringen,
     verwappent auß zúe velld was ganntz sein ger.
     zúe haupt man im do panndt sein reich zimiere,
     pusaunen gaben grossen schal,
     do auf den plan auß rait der degen ziere.

96   Alls Gaban auf den annger
     mit storie groß was chumen,
     Persibein sich nicht lannger
     auch saumbte nu; alls irs vor habt vernumen,
     das in sein fraw zúe velld wollt aus peraitten.
     der künigin marschalck inn ganntz schwartz
     mit mengem held thet zúe dem turnay laitten.

97   Dy vesperey sich machen
     do ward mit manichem punnder,
     do hort man sper erchrachen,
     drunzun sach man vermischt mit fewres zunder.
     kroyerer vil von manngen lannden lieffen,
     die in disem gedrennge
     ir herren krey mit lautten stymmen rieffen.

98   Gaban dick galopierte,
     da von dy schillt erclungen.
     sam thet der iung gezierte,
     vor seiner hanndt uil starker sper zersprungen.

VIII,1/2 Candia B   97,3 zerkrachen B
  95,2 hellem] hellm AB   7 mit] inn (?) B
  96,4 sambte A; nun B;
        vernomen A

26

des ward gepreiset sein uil manlich ellen:
»o voy, wer ist der ritter schwartz,
der mit thioste sunst kan di ritter vellen?«

99 Gylam von Driumphelle
    der reichen mynn zu eeren
    hiellt dort der degen schnelle
    vnd pat / durch mynn sich ainer thioste weren   A 115 va
    Persibein, den man mit rúem sunst thett geuden.
    »ob ich hie vallt disen wallt schwend,
    das wollt ich zelen mir ymmer zue freuden.«

100 Zway ors mit scharffen sporen
    zun seitten wurden genumen,
    zway sper durch legt mit horen
    sach man von disem iust uil clain zerdrummen.
    dy thioste lert Gilam, den fürsten werden,
    das er den satel raumbte palld
    vnnd ane wicze lag dortt auf der erden.

101 Das gert mit thiost ze rechen
    graf Fürminantz der kúen;
    her kert er an den frechen,
    do ward geuellet er auch auf dy grúen
    vnnd zwungen sicherhait auch mit vianntze.
    sam pschach dem hertzog Kylitratt,
    den auch valt do her Persibeines lanntze.

102 In dem kumpt her Gabone
    vil hurticlich gefaren,

98,7 thioste] thiost *AB*   100,5 thioste] thiost *AB;*
99,4 thioste] thiost *AB*   Gylam *B*
    5 ...den man thett mit rúem   101,6 kylitrat B
       sunst geuden *B*   102,1 Gabane *A*
100,3 horn *B*   2 gefaren] gefarn *AB*

des lob in hellem done
erhal allzeit, wo ye dy frechen waren.
ain sper starck thet er durch thioste fúeren;
Persibein dacht: »wie es ergee,
so múeß pey nam mein lanntz ains tails dich rúeren.«

103   Des ward der iust gemessen
von disen hellden paiden,
dar gen all vastt gesessen,
des múest der lufft mit drunzunen sich claiden.
ritter vnd frawen mit all des gunden iehen,
das si in mengen zeitten
so reiche thioste hetten nye gesehen.

104   Gaban rúefft palld nach speren,
des wurdens vnderdrungen.
zer herberg wollt nun keren
dy ritterschafft gar allt vnd / auch dy iungen   B 186 rb
gaben den höchsten preis disen zwain mannen:
Gabonen vnd dem ritter schwartz.
Persibein stal verholen sich nun dannen

105   Zúe seinr claren ameyen
haimlich in ir gezellt,
dy hett den schannden freyen
mit ritterschafft gesehen auf dem veld,
das er da het den höchsten preis genummen.
mit vrlab schied er von seinr frawen,
kam zúe herberg ee Gaban haim was kummen.

106   Nu cham Gaban geritten
dort her mit storie gros,

103,4   drunzun *A*   105,1   clarn *B*
     7   thioste] thiost *AB*   6   vrlaub *B*
104,3   nw *B*   106,1   Nun *B*

nach chünigclichem sitten
vor im pusaun, tambur manich̨e erdos.
man fúert in hin do er gemach mocht vinden,
durch kúelen gen dem luffte
thet man den hellm im von dem haupt schnell pinden.

107   Gaban zúe Persibeine
sprach: »hastu hewt gesehen,
wie man durch eere peine
sunst leiden múess? ich hör ain ritter iehen,
das er hewt hat des preises uil erstritten.
ich rait zer thioste auch gen im,
des wär mir nach mein pestter preis verschnitten.«

108   Do iach der iung kurteyse:
»wem zúe velld ist peschehen
paid, laster oder preyse,
der hab ich et mit alle kains gesehen;
wes preis / man ring oder hoch hat gemessen.   A 115 vb
dar für pin ich pey clarem wein,
dar zúe pey praten haiß den tag gesessen.«

109   »Fuch, das du macht gelassen
durch wein solliche wunn!
das dein wird sey verwassen,
da mit du schwechst dein art vnd alls dein künn!«
er iach: »ich sich an euch quatschür uil grosse,
wer wil mir das verweysen,
ob ich von sollicher not pleib gar der plosse?«

110   Solich red̨e vnnd antwurtte
vil von in do geschach.
in dem man Gaban furte

107,6 thioste] thiost *AB*   110,3 fúrte *A*

29

zúe tische hin. in kurtzer zeit darnach
pat man dy werden gar zúe hofe kummen.
dar richt ain yeder fürste sich,
das sein mit reichait wurd da war genummen.

111 Zue hof man vastt hin gahet   B 186 va
    vnnd woltt da freude schawen.
    nw alls dy zeit her nahet,
    das man kiesen sollt lan dy lanndes frawen,
    dy fürsten si mit züchten do hin weisten
    zue kunden vnnd auch gesten:
    an der schar da stúnden dy hoch gepreisten.

112 Elizabell die gerainet
    súecht pey der werden schar
    den da ir hertze mainet.
    pey den fürsten nam si sein lützel war.
    si westt in gúette zeit doch nicht zúe finnden.
    zum iüngsten sy den helld ersach,
    der stúend pey annderm pouel verr da hinden.

113 Do nun dy küniginne
    den iungen hellden fand,
    dem si trúeg hollde mynne,
    si weist in zúe den fürsten an ir hannd
    vnnd iach: »der helld den höchsten preys hie fúeret,
    sein manlich hannd geworben hat,
    das im mein leib zúe sampt dem lanndt gepúeret.

114 »Es ist pey nam der kúene,
    der hewt in varben schwartz
    turniert hat auf der grúene;

110,4 tisch *A*   112,3 hertz *A*
111,1 gachet *B*   114,3 hat *fehlt AB*
    3 Nun *B*

30

ettlichen doch ain tail sein thioste schmarcz!
sein werdes künn kan hocher wirden wallten,
dar zúe hat er mit ritterschafft
vor aller diet den preis allain behallten.«

115 Gaban sprach zúe in allen,
paid fürsten vnd gesinnd:
»lat euch den helld geuallen,
pey namen, er ist meiner schwester kind!
Salathisor sein vater tregt auch chrone
zue Irlannd vnnd Kastilia,
des lob ye hal pey all den werden schone.«

116 Dy fürsten hochgeporen
darumb zue rate gingen,
wie si zum tage moren
dy prautlaufft mit reichen eeren an vingen.
man pracht dem hellden pfärd vnnd reich gewannde:
fürspann, schappel von gstaine clar.
dy künigynn im mit willen des uil sannde.

117 Dy künigynn man fúerte
mit schoy zúe ir gemach;
der hertz gross freude rúerte.
dy fürsten / man sich auch nun schaiden sach.   A 116 ra
der newe lanndes künig nu mit schalle
gefúeret ward zer herberg hin,   B 186 vb
des nam wunnder Gabans gesinnd mit alle.

118 Gaban pey seiner hennde
sein öhaim fúrte sunnder.
ettlicher seinr mag auch gennde
waren mit im. er iach: »mich hatz ser wunnder,

114,4 thioste] thiost *AB*   118,4 warn *B*

das dir sollịch er vor allen fürsten püret;
du macht wol sagen ymmermer,
das dich dein ar zúe hail hat her gefúeret.«

119 Im sagt der vallsches ane,
wie es zernacht im ging.
des wunndert ser Gabane;
zúe im er iach: »wie ich diss ane fing
so iss et war: wen iagt dy strennge mynne,
da hilffet húet noch were,
das ir gewallt doch nyemandt icht entrinne.«

120 Morgens mit reichait grosser
dy hochzeit ward erhaben.
manng fürst gar schannden plosser,
der durch freud trauren kunnd von hertzen schaben.
des wiertẹs tochter, dy rain magt Beloneye
verchandt wardt auch von Aschalun
aim grafen reich, der auch was múetes freye.

121 Tantzen vnnd puhurdieren
húeb sich do von den frechen.
dy kúenen ritter zieren
thetten auf schillten manng starckes sper zerprechen.
zúe tagen zwelff di prautlaufft wert mit schalle,
nach dem zum künịg vnd künigin
die fürsten sich zúe lanndt vrlabten alle.

IX Abentewr, wie sich Persibein vrlabt von seinr frawen,
vnnd von Belonyen vntrew, die mit dem ringk die chünigin
petroeg.

122 Alls menigclich zúe lannde
     was chumen wider hain,
     Persibein der weygannde
     ains tags mit im selb ward des über ain
     vnnd dacht: »sol ich sunst ritterschafft verligen,
     war zúe sol mir leib vnd ellen,
     dar zúe mein preis mit alle wirt uerschwigen?«

123 Zer chünigin er ginge,   B 187 ra
     miniclich er si kustt,
     mit armen ers vmb vinge
     vnnd zwannck sy freuntlich an sein werde prust.
     er iach: »mein trawt, thúe mich ainr pett geweren,
     die dir, mir vnnd auch vnnserm künn
     nicht zeuhet wann zúe wierd vnd hochen eeren:

124 »Lass mich nach ritters preise
     auß ziehen in die lanndt,
     das ich noch das peweyse,
     da von mein namen weitter werd bekanndt.
     gar alls mein künn hat ye allso geworben
     mit ritterschafft der frechen,
     das preyses an in wenig ist verdorben.«

125 Die chünigynn der märe
     erschrack in ierem hertzen,
     dy pett ir was so schwäre,

IX,1 vrlaubt B   122,7 uerschwigen] uerschwun-
    2 Bolonyen B   gen A
    3 petrog B   123,5 ainr] ain B
                           124,2 ziechen B

33

das si / gelustt vil wenig fröelich scherczen;
ye doch liess er nicht ab piß an die stunnde,
das si doch mit uil zähern haiß
im der fartt et nach seinem willen gunde.

126   Er sprach zer claren frawen:
»Hör, mynnreiche amey,
hab zúe mir das getrawen,
das dir mein hertz mit stät gar wonet pey.
sunst lass dein mynn dem gleich mir auch peleiben,
wo ich der lannd nach preis durch var,
so frewst ett du mich gar vor allen weyben.«

127   Mit myniclichen armen
der helld ward vmbefanngen:
»lass dir das, súesser, erparmen,
das ich an frewd nach dir trag stät verlanngen.«
»fraw, ich kumm schier, dar an du zweiuel nymer;
wie ich durch preis sust von dir streb,
so sen ich mich nach deiner mynn doch ymer.«

128   Hye mit er von in allen
mit hullden dannen schied.
von augen trähen vallen
liess mennge fraw. sein fart allsuss geriet,
da er uil mannge thioste múeste sennden.
wo er ye kam in streite groß,
so erwarb er gar den preis zúe seinen hennden.

129   Er rait zúe ainen zeitten

125,4 fröleich *B*   127,6 sunß *B*
    7 et *fehlt AB*   128,4 menng *B*
126,1 clarn *B*   5 thioste] thiost *AB*
    2 mynnreiche] r *aus* e *ver-*
       bessert A

34

durch ainen grúenen walld,
so sicht er gen im reitten
ain / wunicliche maget wol gestallt;   B 187 rb
vil clarer zäher aus ir augen flussen
über ir wänglein rosen uar,
das si auf ir wat gleich dem regen gussen.

130   Do fraget er der märe
      die minniclichen magt;
      si iach: »herr, all mein schwäre
      euch auf genad sey ger mit all geclagt:
      mein vatter ye was ein edler chünig reiche,
      den hat gefanngen ain rise arck
      vnd wil in yecz verprennen iämerleiche.«

131   »Fraw, reytt hin an die ennde,
      da wir den risen finnden,
      vnnd eylt der fert behennde,
      ich traw von nötten ew vnnd in entpinden.«
      si iach: »o herr, es ist et vnuerenndt!
      was hulff, das ich euch prächt zúe nott;
      durch sein sterck wurdt ir lebens auch gepfenndet.«

132   Dy magdt mir flee ser pat er,
      das si in dar tät weysen.
      »wollt ir nicht ewrm vatter
      beweisen helff? das kund ich lüczel preisen!«
      dy maget sprach: »wellt ir dann nicht erwinnden,
      so ergetz euch got der trewen gros
      vnnd lass vnns gnad vnd helffe pey im finnden.«

133   Sunst ritens mit einannder,
      er vnnd di maget clar.
      den risen all dortt fannder,

130,7 iemerleiche A   131,2 da] do B

das er den künig an erparmung gar
wollt yetz getrochen han gleich in ein fewre.
Persibein in zuckt mit gewallt
schnell auf sein pfärd, pracht in der maget gehewre.

134 Schnell er widerumb cherte
mit ainem starcken sper,
alls sein manhait in lerte.
sam thet der ris, dem wart zúe streit auch ger
mit ainer stanngen, die er hoch entpúrte;
er schuempt vor / grimm gleich wie ain per,   A 116 va
der helld mit seiner gläuy in do rúerte.

135 Das sper dem vngetanen
fúer mitten durch den leip.
er iach: »du múest dich anen
deins lebens hie durch das uil clare weib,
das du an schulld ir vater wolczt han ersterbet!«
der ris schrai: »du vil arger wicht,
du wirst an preis mit im hie gar verderbet!«

136 Mit dem er zuckt sein stanngen   B 187 va
vnnd schlúeg nach dem helld iungen,
das von den pewmen lanngen
die este hoch über den walld auf sprungen.
allsuss manng starcker schlag von im erchrachet.
got mich pewar vor sölcher nott,
mein streitt zúe diser wer wär gar verschwachet!

137 Persibein im ain wunnden
schlúeg lannck vnd da pey tieff,

133,6 gwallt *A*   134,6 schüempt *B*
134,4 wart] was *B*   135,4 deines *B*
     5 enpurte *A*   136,6 solicher *B*

von der uil vngesunnden
des leibs man sach den vngehewren gieff.
»wie dem möcht ich mein preis noch von dir pringen,
vor dir sind alle chron wol frey!«
hie mit tett er das haupt vom leib im schwingen.

138   In dem het auch entpunnden
die maget iren vater,
der loff dar zúe den stunnden,
mit mangem fúeß fal disen ritter pat er,
das er gselliklich mit im zúe lannde chäme,
ain lannd vnnd diese maget clar
im vmb sein nott zúe miett do von im näme.

139   Er iach: »in wirden allten
sollt ir vnnd dise maget
ewr lanndes selber walltten
sollt ir zúe recht.« im ward uil genad gesaget
von aller diet, die wont dortt in dem lannde.
man pot im eer vnd gúet gemach.
die mär gar weit schnell wurden von im erchannde.

140   Belunar von Aschalune
die gräfin schnelles sanndt
dar hin iren garzune,
das er in mynn vnnd grosser trew ermanndt,
die er ir het ettwann durch mynn uersprochen;
das er der mynne wort gedächt,
wie die ains tails an ir doch wären zerprochen.

141   Und ir durch mynn dar sannde
den ring von golde rot,
den er trúeg an der hannde.

138,5   gesselliklich *B*   138,7   neme *A*

noch mer si im uil mynne grúeß entpott,
wie das ir clag nach im wär vngefúege
durch enperen seines leibes;
darumb ir hertz schwär iamers purden trúege.

142 Er dacht: »der mynn verpanen
wär ich vmb dise ding,
ob ich der wol getanen
versaite diß.« zúe hannd er seinen ring
zoch do all palld von seiner claren hennde
vnnd schickt in dar. des ward er seyd
groß traurens reich vnd freuden uil ellennde.

B 187 vb

143 Der garzun der gräfinne
den rinck zúe lannde pracht.
zúe hanndt der küniginne
si in hin sanndt, alls ir des was gedacht
zúe Kandia. der / claren lanndes frawen
der garzun sagt, ir herr wär tod,
wartzaichen des sollt ir ain ring hie schawen.

A 116 vb

144 »Ain ris uil vngefúege
den weigant hatt erschlagen.
er pat, das ich in trúege
euch her zúe lant, da pey sollt ich euch sagen,
das ir zúe mass in clagt vnd nicht zúe sere.
lúegt, wie ir schaffet ewer ding,
der helld zúe lannd her chummet nymer mere!«

145 Elizabell die clare
dacht, der red wär allso,
ir lannck raid praunes hare

141,6 entperen B
     7 darumb] drumb AB
142,5 do fehlt AB

143,5 claren] clarn AB
144,3 in] her AB
     6 ewr A

des ser engallt. ich pin für si vnfro,
das sie suss välschlich ward hier an petrogen!
diss pschach vmb das peym turnay dortt
der helld Persibein ward durch mynn entzogen.

146 Die fraw begund erschainen
     mit clag solich gepär:
     hennd winnden, haisses waynen,
     das es ir ward her nach mit all zúe schwär.
     vil clage man sunss von den werden horte;
     durch die verrätereye
     der tod der frawen leben gar erstorte.

147 Fraw Mynn, ir hapt nicht masse,
     wo ir hept an zu lieben!
     ietz lieb, dann augen nasse;
     dem gebt ir mynn, iem thúet ir freude clieben.
     sunst wexelich sich ewer wesen wanndellt!
     Fraw Mynn, nempt für euch pesser sit,
     das ir ewr dienär nicht so misse hanndellt!

X Abentewr von der clag Persibeins, vnnd wie er zue Pritani
rait vnnd wie im zer tauel rund gelanng.

148 Nvn alls die chüniginne   B 188 ra
     der clag lag dort erstorben,
     darnach kurtz ward sein inne
     Persibein, dem uil frewd drumb was uerdorben.

145,4 entgallt B
    7 pärsibein B
146,4 mit fehlt B
    6 die] ir A
147,5 ewer] ewr AB

148,4 dem von späterer Hand
       nachgetragen A, fehlt B;
       P. drumb uil frewd was
       uerdorben B

das ich sein clag mit wortten lanng ewch sagte;
was sollt die múe verloren,
wann es et freude gar aus hertzen iagte?

149 Er wollt gleich haim zúe lannde
zúe seinr frawẹn sein geriten,
do abẹr er diss befannde,
do ward sein rais des enndes gar vermiten.
er ward des rats mit im selb v̈ber aine,
das er hin zúe der tafelrund
wollt keren, zúe der messeney uil raine.

150 Alls er nun in Pritane
was hin zúe Nantis kumen,
vnnd die dieth valsches ane
sein dar kumennde rais hetten vernumen,
da ward erpoten im uil wird mit fúegen,
wann sie dem hellden küenen
all durch sein manhait holldes hertze trúegen.

151 Manicher hannd an vingen
paid, ritter vnd die frawen,
puhurtt, tantz, lauffen, springen,
wie man dem helld sein schwär möcht ganntz verhawen.
durch wird woltens der eeren tafel seczen,
Artus pott das weit in die lannt,
ob er dem kúen möcht traurens mit geleczen.

152 Dar cham von chund vnnd gestten   A 117 ra
ritterschafft michel wunnder,
an manhait gar die pestten.

nun richt man auf dem velld all dort pesunnder
mit hoher kost die tauel reich der eeren.
all die zer wierd gehorten,
die thetten mit grossen freuden dar hin cheren.

153 Alls si vnlannge weyle
mit frewden alldo sassen,
so kumpt dortt her mit eyle
ain magt geriten, der gerait si hoche massen;
sunst glestt ir wat von golld vnd clarem gestaine,
das es dem sunn par gleichen schein.
hinder ir rait ain zwerglein harte claine.

154 Aus rubin farbem munde   B 188 rb
hort man die claren súessen
den chünig an der stunde
vnd auch die messenney mit züchten grúessen.
das zwerg an húeb mit hellem don zúe singen
ain hof lied wunicleiche,
so das es thet frölich in oren clingen.

155 Nach dem húeb an die maget
vor Artus dem vil reichen,
si iach: »euch sey geclaget
vnnd all der messenneye et des gleichen:
mit chummer groß mein fraw mit nöten ringet,
ich súech von euch helff vnnd auch ratt;
zúe diser nott ain valant argk si zwinget.

156 »Fraw Blubena genennet
ist die uil eeren reich,

152,4 Nw B   155,2 arty A
    5 hocher B   4 messenneye et des] mes-
                             senney den AB

                              41

nie manne ward erkennet
ain magt so clar noch alls gar mynicleich;
von Ysaual die edel chüniginne,
wer si löst dort von nöten,
dem gibt si lannd, leib vnd ir súessen mynne.

157   »Ir kúenen ritter werden,
      latt euch ir not erparmen!
      si ist ain wunsch auf erden,
      wol im, der pey der claren sol erwarmen!
      lat mich nicht trostlos schaiden von euch hynnen,
      das ich mit freuden chum zúe lannd
      vnnd reiches poten prot müg dortt gewinnen!«

158   Persibein all behennde
      des streittes dortt begert:
      »ich schaff ir sorg ein ennde,
      ia, ob ir diser pete mich gewertt.
      her künig, ich flech, das ir mir das erlaubet,
      zue reitten gen der fraise,
      ich gesig oder ich secz dar an mein haubet!«

159   Der pet so innicleichen
      er von dem chünig begert
      vnnd von der tugentreichen,
      das er vor all den anndern ward gewert.
      wie yeder sunnder gert der awentewre,
      des erschrack ye doch die maget ser,
      wann die fraiss was et hertt vnnd vngehewre.

160   Des acht er et vil wenig,
      wie hertt vnnd schwär mans macht;
      zer rais er was der senig.

157,4 clarn B

42

verwappent er hin zúe seinr verte / gacht.
er pat di magt, das si im gund mit willen
zúe reitten mit ir zúe der not,
durch gottes helff wollt er kumer dortt stillen.

161 Si hett ir auß erlesen
     Gabonen auf ir fart,
     doch liess sis allso wesen.
     mit schöner zucht vrlab genummen wart.
     ir was sein rais durch sein iugent uil schwäre,
     wie dem mit schöner tagaldy
     vertraib er ir den tag mit manichem märe.

162 Zue abent si ersahen
     ain purck reichlich erpawen.
     »des enndes well wier gahen«
     redt Persibein zúe der claren iunckfrawen.
     si iach: »herr, zwar, ich wider ratts euch sere,
     wer nacht seld hie erwerben wil,
     der múeß beiagen mit schillt vnd auch mit spere.

163 »Ich sag euch, das hie pfliget
     der wiert manlicher crafft,
     ewr streit ring gen im wiget.«
     des antwurtt ir der ritter ellenthafft:
     »fürnams, ich múeß vnns herberg hie erstreitten!«
     in dem sehens ain helld zúe velld
     verwappent wol her von der purge reitten.

164 Do ward sunnder valieren
     ain thioste reich geriten
     von disen hellden zieren,

160,5 maget A   162,4 clarn B
    7 hilff B   164,2 thioste] thiost AB
161,4 vrlaub B

do ward ain satel raumen nicht vermiten
von dem wiert, der gestreckt lag inn der grúene.
Persibein von seim orse sprang:
wartt, ob von nott icht präch dem tegen kúene!

165 Auf spranng der wirt pehennde,
zum ritter vnuerzait
was er all schnelles gende.
er pat in vnnd die mynicleichen mait,
das si die nacht mit freud pey im vertriben.
er mocht si leicht erpitten,
wann si nicht westen, wo si sunst peliben.

166 Diser herr schannden plosse
erpott sein lieben gestten
mit willen wirtschafft grosse.
nw morgens, so der tag begund her glesten
namens vrlab zue wiert vnnd messenneye;
nach dem der ymmis was gethan
rait wegk entsampt dy clare cumpaneye.

[B 188 vb

XI Abentewr, wie Persibein vmb ainen zol streiten múestt.

167 Zue ainer statt geritten
kamens zum anndern tag,
ain vnfúer nicht vermiten
wardt von aim man, der da des zolles pflag.
er iach: »hallt still! den zol hie nicht verfúeret
dem herren diser lannde,
so das ir schaden groß euch nicht erkúeret!«

164,7 icht] ich B; prech A   167,4 da] do B
166,4 nun B   5 hie *fehlt* B
   5 companeye B   6 lannd B
XI,1 ainen] ein B   7 euch] ew B

168 Die rede gar zúe schimpffe
    der ritter thet entphahen:
    »was sol der vngelimpffe?
    vnnd möcht euch durch ewr wirde selb verschmahen!«
    der zollner in den zawm mit paiden hennden
    viel disem ritter tewre,
    der das ors thet mit zoren von im wennden

169 Und zoch von seiner schaiden
    ain schwert lanck, scharff vnd prait;
    zwischen sein oren / paiden   A 117 va
    mit ainer wunnden er in so verschnaid,
    so das die zung im munnd im lag zerspallten.
    ob ich wär zolles maister hie,
    söliche miet wolt ich et von mir schallten!

170 Der statt leutt all zúe lieffen
    mit grosser vngepär,
    »zetra!« si an in rieffen.
    der markes all zúe hannd vernam diß mär,
    er kam verwappent zúe dem schall geritten;
    er sach ain menig grosse,
    die vmb das leben mit dem ritter stritten.

171 Der markes hurticleiche
    schwind durch den punnder prach
    auff den helld ellensreiche.
    auß grossem zornn er zúe dem kúenen sprach:

168,2 entpfachen A   169,3 oren *die letzten beiden*
    4 uersmahen B   *Buchstaben von gleicher*
    5 zäwm A   *Hand nachgetragen A*
    7 zoren] zorn AB   7 söliche] Sölche A;
169,2 swert B   Sollche B
                           170,3 rúeffen A

45

»sagt war, ichs hab verschuldt odẹr all di meinen,
das irs mit tod vnnd wunnden tieff
zúe laide mir vnnd vnuerschulldt thúet peinen?«

172 Er iach: »hörtt gar mein schullde,
ich wil mit all euchs sagen:
es kam mit vngedulde
ewr mautner vnnd wollt michs ye nicht vertragen;
ich sollt ett im durch ain den zol hie lassen,
so volgt mir weder saum noch last,
dann schillt vnd sper, war ich ker auf den strassen.

173 »Ich hab durch dise maget   B 189 ra
ainr not mich angenummen,
die si zu Nantis claget;
sunst pin ich hie zu diser fraise chummen.
sol man dann zollen hie von schwert vnd schillde?
das ist ain schlag der eeren,
dar zúe vor all den werdẹn ain gross vnpillde!«

174 Do sprach der markeß werde,
der ye was eeren holld:
»das mein diet schländ die erde
vmb diss lasster, wie geren ich das wollt!
was sol ain ritter auch den zol euch geben?
ich enper drumb hundert marke wert,
das er ewch allen gẹnumen hiett das leben!

175 »Ich thúes, herr, pettlich geren
von ewch durch ritters trew,

173,5 dann *fehlt B*   *Buchstaben von späterer*
174,2 *vor* hollt »wert« *durch-*   *Hand (auf Rasur?) nach-*
       gestrichen B   *getragen A*
   3   schländ] schlime *oder*   174,4 gern *B*
       schlimt, *die vier letzten*   6 entpär *B*

46

das ir mirs wellet keren
zum ergsten nicht, es ist mein höchste rew!«
Persibein iach: »des hab ich wol pefunden,
mein trew sey euch verseczet,
das ich euch diensts wil ymmer sein gepunden.«

XII   Abentewr, wie Persibein mit aim sparber gelanng.

176   Mit mynn vnd freuntschafft grosser
schieden sich dise zwen.
hin rait der zaghait plosser
für ainen walld, so sicht er vor im sten
ain mausser sparber, ain vessel dran gereichet;
dy magt verlanngen darnach began,
si sprach, an schön säch si kaum der dem gleichet.

177   Er lostt in von dem astte
vnd raicht in dar der magt;
fuert in vnnach ein raste,
ain garzun eylent nach dem ritter iagt.
er iach: »den vogel lasset schnelles fliegen,
er höret meiner frawen,
annders ir werdt euch preises selber triegen!«

178   Er sprach: »ich hab gefunnden
in ienem walld / den vogel,   A 117 vb
der ist von mir entpunden.
ob sich nun yemant dunckt des múets so gogel,

176,1 früntschafft B   177,7 selbe B
    5 sparbär B   178,4 nw B; múetes B
    7 sech A; kaum] käym
       (korrigiert aus kaim?) B;
       geleichet B

47

das er in well mit ritters preise holen,
der kumm zue aines ackers lanngk,
in raubes weis fúer ich in nicht verstolen.«

179   So sicht er nach im iagen   B 189 rb
             zwen ritter kúen vnd werd,
             vngeleich ainem zagen
             mit thioste ers paid vallte zúe der erd.
             nach den man sach ir zwelff geschwind her streichen
             vnd maintẹn zúe rechen dise zwen.
             recht alls den vodernn pschach in auch deßgleichen.

180   Zue hant sagt man diß märe
             den ritternn dort zue hoff
             wie es erganngen wäre.
             mit kolb vnd schwerten man nach rait vnd loff.
             si mainten disen ritter tod ie vellen,
             ee das der tag het ennde.
             vor thet er dem tod mengen zúe gesellen.

181   Pey ainer staines wennde
             sach er ain purck vil allt,
             er vnnd sein magt der ennde
             kerten nun hin. hört wunnder maniguallt:
             erst húeb der schal sich von der diet gemaine,
             die künigin zogt selb hie mit,
             des ward des ritters sorg ett nicht zúe claine.

182   Des ritters tod sie schwuren.
             alls nur verging di nacht
             auf ainen starcken thuren
             her Persibein sich mit seinẹr maget macht.

179,4 thioste] thiost *AB*   182,4 sich *von späterer Hand*
                                           eingetragen A, fehlt B

morgens gen tag do húeb er an zúe singen
menng lied in súessem done,
wie lieb pey lieb vil dicke thett gelingen.

183   Do nun die küniginne
sein sanck uil lange hort,
do cham ett dar Fraw Mynne
vnd schúeff, das diser has ward gar zerstört.
si rúefft, das er mit frid schnell zúe ir cheme
zue sampt seiner iunckfrawen,
das er di auch mit glaite zúe im neme.

184   Sunst gingen si hin paide
ab zúe der lanndes frawen.
si iach: »auf iener haide
habt ir mein volck verwunndt vnd tod verhawen,
das wil ich durch euch vnd di magt verkiesen,
auf das ob ich icht auch begert,
das ich trew durch vnmynn icht tett verliesen.

185   »Nun höręt, was ich euch sage,
das auch durch ie múeß wesen:
mit freuden sunnder clage
well wier entsamen fürpas ymmer genesen;
ich gib euch meinen leib zúe sampt / mein lannden.« B 189 va
er sprach: »fraw hört, ainr abentewr
hab ich zúe diser zeit mich vnnderstannden.

186   »Nach der ich ye múeß reitten
mit diser maget clar,
ob ich dy möcht erstreitten,

182,7 thätt B   185,6 hörtt fraw ainr a. B
184,5 verkiesen] k aus l (?)   186,3 dy von späterer Hand
       korrigiert A   eingetragen A
    7 icht] ich B

nach dem nempt meiner dienst mit trewen war.
von Ysaual Bluben, die chüniginne,
lös ich von Patrel, ob ich mag.«
si iach: »so wurd entpfrembt mir ewr mynne.

187   »Ir múestt ett hie beleiben,   A 118 ra
        da ist an zweifel kain,
        ewr zeitt mit mir vertreiben!«
        des erschrack an massen ser die maget rain,
        die zue Pritani was nach im gesenndet;
        an vrlaub rait si schnell von dann,
        zúe Nantis si ir rais nu wider wenndet.

188   Si clagts vor all den werden;
        do Gabon ditz erhört
        er sprach zúe der geherden:
        »ir wirt ir lannd verheret vnd zerstört.«
        der künigin schnell entpoten ward diss märe,
        des múest si zwungenleichen lan
        den ritter, wie es was ir hertzen schwäre.

XIII   Abentewr, wie Persibein Plophinas angesigt vnnd die
ritter erlediget.

189   Sunst rait er aus dem lannde,
        der ritter vnd dy magdt.
        ain purg in ward pekannde;

186,4 dinste B   188,7 swäre B
    7 enpfrembt B   188,1–7 (von gleicher Hand?) in
187,6 vrlab B   flüchtigerer Schrift und mit
    7 nun B   hellerer Tinte auf dem Sei-
188,2 ditz] das B   tenrand nachgetragen B
    5 enpoten B   XIII,2 erledigt B
    6 zwungenlichen B

das zwerg im von ainr grossen fraise sagt:
wer dar käm, wie dem pęschech dar pey zw leyden,
wie dem der weg [für] gekürtzet wär,
»doch durch nott well dy rais wir dar hin meyden.«

190 Er sprach: »weyter vmb rayse
well wir durch nicht vnns nyetten,
acht lüczel diser frayse!
wo wir ett nur den weg zum nächsten hietten,
dar well wir kerẹn.« des antwurtt im dy maget:
»das ich die strass dar mit euch ker,
das sey ett euch von mir hie gar versaget.«

191 »Durch vorcht kain raise krumbe
wil ich durch nichte keren,
wann so wär ich der tumbe,
an preis vnnd schiech aller manlicher eren!
sagt meiner frawen dienst mit ganntzen trewen!
wellt ir vermeyden dise rais,
ich kumm nach euch, der will mich nicht sol rewen.«

192 Si pat sein got selb pflegen   B 189 vb
mit fle dy maget klar.
hin rait der kúene degen,
da man sein nam palld ab den zynnen war.
si rúefften all: »ritter, palld hynnen wenndet,
ob wurd volstrecket ewer vart,
so wurdt an allen eren ir gepfenndet!«

193 »Ich enmag es nicht gelassen,
ia, múes ich nämlich fortt

189,6 dem *fehlt B;* wer *A*   191,6 wolt *B*
190,4 nechsten *A*   192,4 da] do *B*
191,3 der *fehlt B*   6 ewr *A*
  4 schiech *fehlt B;* mänlicher *B*   193,2 nemlich *A*

51

keren mein rechte strassen.«
do wardt entschlossen im vil weyt dy pfortt,
wol hundert horen teten si erschellen,
dar mit si kundten Plophinas,
das er het aber ainen streitt gesellen.

194 Persibein sunnder vorchte
rait für sich an dy richt,
so sicht er wol verworchte
ain helld dortt hallten, an dem was gar entwicht
alles das, was zw wierd sich ye mocht ziehen.
der valannd vierczig mannes sterk
het an seim leib, den er ye gunde flyehen.

195 Nw hörtt, was der geschenndet
ab ritternn preis erstrait:
all er dy frewden pfenndet,
zw hanndt er dy peschar vnd auch verschnayd,
dar zúe si múesten sein schmachlich gefanngen.
der vnwierd nyet sich diser wicht,
des heten dy werden menngen tage lanngen.

196 Hönlich den gast entpfiennge   A 118 rb
der argk eren verzagt:
»des iamers lied hie singe,
wann vnhail hat dich in diss lanndt veriagt!«
Persiben sprach: »es sterben nw dy vaigen!«
vor zorn der valannd misseuar
ward, sunst tetens zway starcke spere naygen.

193,3 keren] kern AB   195,3 all er] aller A
    5 horen] horn AB   7 des] s von späterer Hand
194,5 sich macht ye ziechen A   aus r korrigiert A, der B
195,1 Nun B   196,5 Persibein B

197 Dy ors wurden genummen
     zun seyten mit den sporen,
     do sach man sper zerdrummen,
     das schwertt gwann schnell der iung vnnd hochgeporen
     vnnd schlúeg ain wunndt dem valannd vngehewre,
     dy nahend zu dem tode wag
     vnd im in seinem preis wol kam zw stewre.

198 Der valannd vil seins plúetes   B 190 ra
     zer erden fliessen sach,
     des ward er grymmes múetes,
     zw Persibein dem kúenen er do sprach:
     »du múest dein leben mir hie so verzinsen:
     ergreiff ich dich zw meiner henndt,
     ich zerprich ich clainer dann ye ward kain linsen.«

199 Persibein kündikleichen
     mit listten sich múestt weren.
     ienr schlúeg so grymmikleichen,
     das ich mich trawte pey im nicht ze erneren.
     der helld aber geschwynnde an in hurte
     mit ainem schlag, der im sein krafft
     mit alle auß seim starcken leibe furte.

200 Krefftloß ab in den annger
     viell der gar vngehewr;
     er iach: »mein leben lannger
     lass mir, dw werder rittẹr; dy schumpffentewr
     hastu manlich ab mir mit preis erstriten,

197,1 genomen B   199,4 ze erneren] zer neren AB
    2 sporn B   7 leib B
    4 hochgeporn B   200,4 schimpfentewr B
198,6 dich von späterer Hand
       eingefügt A, fehlt B

darvmb mein sicherhait sey dein.«
zw hannd er ward beschoren vnd peschniten.

201   Der künig von dem lannde
zw hanndt veryesch ditz mär;
vor laid sein hennd er wannde.
inn dem rait ein die purg der lobepär,
er tet auf genngen vnnd in fenstern schawen,
das sein hertz gar durch wunnet:
es warn et nicht wann ritter vnd klare frawen,

202   Dy Plophinas petwungen
het vnnd dy frawen verstolen.
des kumpt dort her gesprungen
ain rise gross. erst múest er kumer dolen,
wann er selb was der künig aus dem lannde.
er sprach: »du erarnest Plophinas,
des múest dein leben hie lassen mir zw pfannde!«

203   Sunst tobeleich gelauffen
kam er geschwynnde dar,
den hellden iunck zu hauffen
schlúeg er zu hannt, des erwaint menng frawe klar.
er spranng schnell auf vnd zoch ain schwert von schaide
all scharff vnd sprach: »ia, leb ich noch
all meinen veinten gar zúe herczen laide!«

204   Manlichen thet er springen   B 190 rb
hin an den risen gros,
ain pain er im ab schwingen
tet mit seim schwertt, das es verr von im schos;

200,7 peschorn *A*   202,7 ... leben mir lassen hie zu
201,5 auf genngen] auß gegen *B*   p. *B*
    7 warenn *B*

54

des viell der vngefúege zu der erden.
ain wunnden er im aber schlúeg,
des gab der ris sein sicherhait dem werden.

205 Er wollt in han peschniten,
do kam ain klare magt,
die ims gund aberpiten;
si iach: »ir habt sunst preises uil eriagt,
lat gniessen meinen vater aller frawen,
das euch dy súesse mynne lon,
vnd das ir preises nymer werdt verhawen!«

206 Mit willen er si werte,   A 118 va
do ward der kúene man
von ritternn vnnd frawen geerte.
do múest mit alle man si ledig lan,
mit reichait groß schickt mans zu iren lannden.
man pot im grosser eren vil;
ain newen schillt starck nam er zw sein hannden.

XIV Abentewr, wie Persibein an Iurcth gesigt vnd ain iunck-
frawn erlost.

207 Hellem, sper vnnd auch schwerte
nam do der kúene degen.
vrlabs er von in gerte,
des ward im nach gewünscht menng rainer segen.
er rait für an vnd sach auf ainem vellde
ain ritter gen im kumen,
der kam verwappent schon aus aim gezellde.

205,4 suss B   206,5 mans] man si B
    5 mein B   207,1 Hellem] Hellm AB
    7 werd B   3 vrlaubs B

208 Zway sper dy hellden naigten,
   do ward nach preis gerungen,
   dy ors schnellhait erzaigten,
   da von dy sper in drunzun klain zersprunngen.
   si lagen paide in der plúemen glantze,
   do ward der kúene Persibein
   pezwungen schnell sicherhait mit viantze.

209 Er fúert in sunder dannckes
   gefanngen in sein zellt.
   wo ward sein lob so kranckes
   ye mer gesehen, wo er ye strait zw velld!
   ain magdt saß do gar freuden läre,
   Iureth entwappent sich zu hanndt,
   dy weil dy magt sagt Persibein dy märe,

210 Wie er si hett gezucket   B 190 va
   mit zawber irem vater;
   »des ist mein frewd zerstucket,
   ain hembde vnd ainn gürtel tewer hater,
   da von er ist der siges vneruorchte.
   ob in pestúend ain praites her,
   mit schumpfentewr ers alles gar entworchte.

211 »Mein vater mich verlobet
   het ainem künig reich,
   des wird vil manchem obet:
   dem von Archadion vil wirdigkleich.
   wollt mich mein ameis zu vnnser prautlaufft holen,
   do kam der wicht in diebes weis,
   hat mir vnnd manngem mann dort frewd uerstolen.«

210,4 tewer] tewr AB   211,4 dem von späterer Hand
   7 schimpffentewr B; gar   eingefügt A, fehlt B;
   fehlt B   Archadyon B

212 Nach ainer zeitt vnlanngen
     ein zw der künigynn
     Iureth nw kam geganngen.
     si iach zw im: »ob ir gert meiner mynn,
     so streittet sunnder gürtel vnnd dem hembde
     mit disem ritter hie zu velld,
     annders mein mynn múeß euch sein ymmer fremde.«

213 Nye so ser pey sein tagen
     frewdt er sich auf ein streit,
     er dacht et da zę eriagen
     ir súesse mynn. hyn auf den annger weyt
     yeder mit im ain sper all starckes furte,
     dy gaben auf den schillten hal,
     das si in stucke klain all gar zerschnurte.

214 Den iust so hurticleichen
     triben dy helden paid,
     das Iureth uil ängstleichen
     sunnder wicz lag gestreckter auf der haid.
     Persibein spranng vom ors ab inn dy grúene,
     ains prunnen holt er schnelle dar,
     dar mit zu krefft er pracht den helden kúene.

215 Iuretht globt des mit aide,
     das er dy maget rain
     wollt fúeren sunnder laide
     ir magen mit vil eren / wider hain.   A 118 vb

212,4 ir] i *aus* e (?) *korrigiert* A;   214,3 angstleichen B
        ob ir nw gertt m.m. B   4 gestrecket B
    7 frömde A   5 persiben B
213,3 ze eriagen] zeriagen A;   215,1 des] das B
        zer iagen B
    5 fúrte B

diss wird uolpracht gar an der keuschen súessen.
sunst schieden si sich; di maget sprach:
»zw lon múesß euch Fraw Sällde ymmer grúessen.«

XV   Awentewr, wie Persibein das schreyennt mos stillt vnnd
wie im mit ainem serpant gelanng.

216   Hin rait der ellennsreiche   B 190 vb
      den tag, pis gar zu abent
      er sach ain purck herleiche.
      durch rúe die nacht was er des enndes drabent.
      er ward vom wirtt mit freuden hoch entpfanngen,
      darnach von aller messenney,
      das in nicht dannen schaidens torfft verlanngen.

217   Der wirt seinr rais in fraget,
      da sagt er im das mär;
      dy diet mit all das klaget:
      »o vy herr, diser streyt ist ewch zw schwär!
      Iureth der frais sich nye torst vnnder winden,
      dem man doch gicht solicher chrafft,
      das man zer wellt im gleichen nicht mag vinden!«

218   Was man von frais im saget,
      so múests et nämlich wesen.
      er sprach: »es wirt gewaget,
      es ergee recht an ain sterben oder genesen!
      weist mir, wo man dy strass aufs nachst dar kummet!«
      der wirt iach: »krafft noch manhait gros
      der kaines auf der rais euch nymmer frummet.

215,7 sälld B   216,6 aller] all der B
XV,1   stillet B   218,2 nemlich A
   2   ainem] aim B

58

219   »Zw Isaual dy strassen
       ist so recht vngehewr,
       das ir dy rais sollt lassen:
       ain mos so schreit von willder awentewr;
       wers hört, der múes tod zu der erden vallen,
       dy vogel es sterbet in dem lufft,
       so lawt erlúet sein pidmen vnd auch schallen.«

220   Morgens er vrlabs gerte
       von all der werden schar;
       des man in trawrend werte.
       im wunscht vil hailes menng magt vnnd frawe clar.
       hin rait der, dem ab frais ye lüczel grawset,
       den tag pis an den abent gar,
       da er zw walld pey aim klosner pehawset.

221   Der im auch riet vil sere,
       er sollt dy rayse lassen.
       durch all sein manlich ere
       er iach: »so múeß et mich got selber hassen,
       ob ich der rais mich yemanndt lass erwennden!
       ich wil ock morgen auf dy vartt,
       ob ich drumb preis vnd leben sollt verpfennden.«

222   »Wellt ir dann nicht entperen   B 191 ra
       der vil rewigen vart,
       kundt ich dann helff euch weren,
       dy wär et euch von mir gar vngespart.«
       auf ain zedel gund er karacter schreiben,

219,1 ysaual B   220,1 vrlaubs B
    6 in dem] im A   5 fraise B
    7 ... vnd auch sein   7 chlosnär B
       schallen B   221,4 ... et got mich s. h. B
                                   222,5 gund] kunnd B

dye namen sein gehörd ain tail,
auch tetens allen zawber im vertreyben.

223 Morgens der kúene degen
rüstt sich zu seiner vertt.
sein wirt im menngen segen
von got erwunscht zw seiner rayse hertt.
sunst rait er auf das mos hin vnerschrocken
nicht voll ains pogen schusses lannck,
do húeb es an zw pidmen vnnd zw schocken.

224 Darnach ain wolcken dicke
dy sunn gunnd über / ziehen,   A 119 ra
dar aus manng fewer plicke
vnd doner schleg. (das man mich sech, den schiechen,
wo ich westt solich frais vor mir zw vinnden!)
sunst húeb sich hewlen vnd geschray,
alls ob dy erd all perg vnd vells wollt schlinden.

225 In dem kumpt her geloffen
ain serpanndt vngehewr,
aus gindem maul weyt offen
ging stannck vnd auch schwebel riechendes fewr.
Persibein sunst sein sper gen dem wurbm sannckte;
wann er dy nähe kam zw im,
vil schnelles er im aus dem stich entwanckte.

226 Dem serpanndt aus den oren
ain zetel viel aufs lannd,
auf zuchkts der hochgeporen,
an dem er klärlich allsuss geschriben vannd:
»o ritter kúen, durch all dein manlich ere

223,4 erwünscht B   225,5 sunst *fehlt* AB
224,3 menng fewr plicke B   6 nehe A

ervoll den ritterleichen preis
vnd löes mich hewt von herczenlichem sere.

227 »Meim lanngwerendem achen
     macht du hie schaffen enndt,
     nw greiff mir in den rachen
     vnd zeuch her aus mit deinr manlichen henndt
     gar vnerschrocken, was du dar inn vindest;
     das wirff von dir et auf di erd,
     da mit du mich von nötten gros entpindest.«

228 Der ritter ellennsreiche
     spranngt an den wurmm zw hanndt
     vnd graiff im frai/dikleiche   B 191 rb
     tewf in sein halls; ain schlanngen gros er vannd,
     dy raiss her aus der edel ritter werde,
     er warffs mit krefften auf das gras,
     so das si tod vor im lag an der erde.

229 Schnell in ain weiplich pillde
     der wurem sich verkert.
     des in nam wunnder willde.
     er sprach: »dy trinitat sey drumb geert!«
     dy maget in peschied alldo der märe,
     wie si durch grosse zauberey
     dar auf dem mos zw nöten kummen wäre.

226,6 den] dein B; ritterlichen B   228,3 fraidicleichen A
    7 swäre A   4 tewf fehlt B
227,1 lanng werennden B   229,2 wurem] wurm AB
    3 nun B   4 darumb B
    4 vnd zeuch mir mit d. m. h.,   5 in] im B; vor märe ist
       mir von späterer Hand   rechten von späterer Hand
       nachgetragen A   undeutlich nachgetragen A,
    5 Inne A   fehlt B

61

230 »Nw pitt got für mein sele,
das si der enngel steg
recht fúr Sannd Michahele,
das Sathanas ir irre nicht den weg,
der gat dy richt hin in das paradeise,
das si mit aller enngel schar
im tron dort nyes mit in der himel speyse.

231 »Ewrnn preyse gar vol strecket
an mir pis an den ort,
seid mir durch euch erwecket
ist frewden vil, des himelreiches pfortt
mir offen stat.« noch mer pat si den werden:
das er nach christenlicher ee
nach tod si liess pestaten zu der erden.

232 Hie mit amächtigclichen
si zu der erden saig
tödlicher varb erplichen;
ir geist auf zúe der enngel chöre staig.
von im ir glaidt was manig pater noster,
ir leib er legte auf sein pfärtt,
fúrt si mit im zer nacht zw ainem closter.

233 Vil schon man si pestäte,
do liess der degen mild
dar durch ir sel geräte
von golld vnnd gstain ain vber reichen schillt.
des tetens manigen segen nach dem heren.
er rait gen aim gepirge hoch,
gen ainer klawsen tet er schnelles keren.

230,1 Nun B   231,1 strecket] erstrecket A
    3 michele A   232,1 amechticlichen B
    5 get B   6 legt B

XVI   Awentewr, wie Persibein zwayen risen angesigt vnnd
die klawsen nach im verprannt. vnnd wie er zu Isaual kam.

234   Zwen risen vor der klausen
      sach er mit schwären stanngen.
      (das mir / thät darab grawsen,   B 191 va
      ich wär dar zúe geriten noch geganngen!)
      ainer stund auf vnd fragt den helld der märe,
      mit welchen zawber lisstten
      er durch das lanndt zw in dar chumen wäre.

235   »Ich pin et her geriten
      ich wän die nachsten straß
      (fürbas wirtz nicht vermiten)
      zw Isaual. wer mein geverte hass,
      das lass ich sein vnnd habs auch lützel achte.«
      der ris uil nach ertobet was
      von diser red, sunst ser si im verschmachte.

236   »Pfuch dich, du wicht uil clainer,
      wie pistu sprüch so frey!
      durch dy klaus kem et kaincr,
      ob deinr genossen ein her dir gestúennde pey!«
      Persibein iach: »la sehen, wer mir welle
      erwennden meine raise,
      es möchte chummen im zu vngeuelle!«

237   Vor zornn der rise zuckte
      ain stanngen lannck vnnd groß,
      ein sper zer seit auch schmuckte

XVI,1 zwain B   235,4 ysaual B
234,3 tet A   236,5 persiben B
    5 stúend B   237,3 zer] z von späterer Hand
                                        korrigiert A

der helld, vnnd kam mit ainem söllichen stoß
den risen an, zer prust es durch in ragte.
dy wunnd im das zw werche wag,
so das der tod das leben von im iagte.

238 Do der riß seinen prúeder
sach tod zer erden vallen,
der ye was streittes lúeder,
do ward im zoren auf in, herczenwallen
er schray: »vnhail, wie hastu hie geworben!
ia, wärs nicht wunnder, ob der wicht
von seiner manhait tausenndt wärn erstorben!

239 »Du múest mit deinem leibe
meins prúeders tod auch gelltten!«
»diss zimpt aim prödem weibe«
sprach Persibein, »paid, pagen vnnd auch schellten,
dy sich mit mannes wer nicht mügen rechen.«
der rise schwúer pey Teruiannd,
das er in wollt in stucke klain zerprechen.

240 Mit grymm der riß dick schlúege
auf disen kúenen iungen;
lützel er ims vertrúege,
degenleich kam er an den man gesprungen
vnnd schlúeg im manige wunnden tieff vnnd / weytte,
vnd ging im alls mit lissten vor,   [B 191 vb
das in der ris nye traff zw kainer zeitte.

237,4 ainem] aim B   239,3 pröden B
    5 prüstt A   4 auch fehlt A
238,4 zorn B   240,4 Tegenlich B
    6 wers A
    7 seiner] seinr AB

241 Persibein der degen werde
     mit ainem starcken iust
     den risen velldt zer erde;
     sein schwert er stach enmitten durch dy prust,
     darnach ain wund schlúeg er im durch sein haubet,
     da von der ris gestrackter lag
     mit vngemach, seins lebens gar perawbet.

242 Sunst lagen auf dem annger
     dy risen paid erschlagen.
     Persibein da nicht lannger
     dy klaws wollt lan sten da zw kainen tagen;
     er zundt si an vnnd liess et nach im prinnen.
     schnelles er auf sein pfärde sas,
     von den risen schied er sighaffter hynnen.

243 Durch ainen walld was grúene   A 119 va
     dy strass zu Isaual
     raidt der helld wunnder kúene.
     ain stymm wuniklich gen im laut erhal,
     alls er kam für den wallt; da tet er schawen,
     das in ser frewdt in herczen:
     sein gfertten das zwerck reyten mit seinr iunckfrawen.

244 Alls si an ander sachen,
     da tetens zem mit frewden
     vil schnelliklichen gachen.
     si iach: »von ewrem preys man hoch mag gewden!
     was ir not vnd sigs habt zer vertt genummen,
     das ist mir alles kunnde gar,
     auch wie ir durch dy klawsen hewt seyt kummen.

241,1 Persiben B   244,1 sahen B
    3 den] der A; fallt B   2 zäm B
242,3 Persiben B   4 ewrm B
243,2 ysaual B

65

245 »Ee ymmis zeit ist kummen
sey wir zu Isaual.
was ir sigs habt genummen
an Plophinas vnd auf dem mos des schal,
Iureth noch, annder kunnden nye gestillen,
diss ist alls klain wider Patrell,
wer den pestet durch meiner frawen willen.«

XVII Abentewr, wie Persibein dy abentewr von Patrell mit
grossen nöten erstrait vnd dy künigin Plubena erledigt mit iren
iunckfrawen.

246 Ain stat vnd schöne vestten
sahens nw vor in nach;
manng guldein / knopff drab glesten.   B 192 ra
dy maget zw her Persibein do sprach:
»vollgt meynem rat, das ir streitz hie entperet.«
er iach: »ich läg vil leichter tod,
ee das solich fluchtę mir meinen preis enteret.«

247 Si iach: »ich wil gewynnen
vil reiches potenprot
dort von der küniginnen.
got well gesten euch hie zu diser not.«
sunst schied sy von im vnd ging zu ir frawen
vnnd sagt ir wie der hellde iunck
auf diser vart hiet preyses vil erhawen.

245,1 ymnis *A*   XVII,2 ... blubenam erstrait
    2 ysaual *B*   vnd erledigt... *A*
                                         247,5 Sust *B*
                                             7 uerhawen *B*

66

248 »Er wil auch durch euch wagen
    allhie die awentewr,
    die doch tarff kaines zagen.«
    dy fraw iach: »so kumm im in not zw stewr
    der, dem erkennet sind gar alle hercze,
    des pschucz mit trewen sey pey im,
    so das er vnns entpindt all von dem schmercze.«

249 Sein pfärtt er hefft zer linden
    vnnd ging auf das palas;
    ain man gunndt er drauf vinden
    verwappent wol, des sterck an masse was,
    der sprach: »gangg ab dem sal, ee dw wirst gevenstert
    dem gleich wie man dem hoffwartt thúet,
    wie schillt vnnd hellmm von gstain dir weit erglenstert!

250 »Ia, wartt ich alls auf disen,
    der meinem herren hat
    erschlagen hewt zwen risen!«
    Persiben iach: »alhie er vor dir stat.
    ich pin [ett] der, der dir streitz nicht wil entweichen.«
    des ward der man erzürnet hartt
    vnd sprang gen im mit schlegen grimiklcichen.

251 Hörtt wie er des genusse:
    sein sper nam Persibein
    mit grymm zw ainem schusse
    vnd traf in voren zu der stieren ein,
    das er an stund viel totter zu der erden.
    »du hast gedröet mir zu uil,
    wills got meins streitz möcht hie gúet rat noch werden.«

248,5 hertzen *B*   250,2 herren] herczen *A*
    7 schmertzen *B*   251,4 voren] vor *A*, vorn *B*;
249,4 stercke *A*   stirn *B*
    5 ee *fehlt A*

252   Patrell der arg valannde   A 119 vb
        kam erst her für gesprungen,
        er trúeg in seiner hannde
        ain schwert lanck, prait, das ward uil hoch erschwungen
        gen Persiben, ee er / ye wort gespreche.   B 192 rb
        der helld gedacht wie er sein leib
        vor im pehiellt vnd sich an im erreche.

253   Seinr sorg het er vergessen
        gen disem tewfels gnos,
        der degen vil vermessen
        gar schnell sein schwertt auch macht der schaiden plos.
        do ward der streit erhaben all geschwinnde,
        das von ir paider hellme
        auf gen dem lufft träten die fewres winnde.

254   Auf yerer paider schillde
        menng starcker schlag erchlanng,
        wo ainr den anndern erzillde,
        nach dem durch helm das plúet gen höhe spranng.
        der streyt wertt vnnder in vil lannge stunnde
        mit menngem stich vnnd schlage,
        pis an der krefft yeder múeden pegunnde.

255   Nw was von helffen paine
        ain stúl kostreich gemacht
        von golld vnnd auch gestaine,
        von zauber lag dran mennger hannde schlacht:
        wer sich saczt múeder in den sessel nider,

252,5 gespräche B   253,6–7 das von ir hellme auf
    7 erreche] er *von späterer*   gen dem
        Hand nachgetragen A,   lufft dreten hoch dy hohenn
        räche B   fewres winde.
253,1 sorge A   hoch *und* hohenn *von spä-*
                                      terer Hand nachgetragen A

wie gros sein vnkrafft wäre,
so kam im krafft vnnd all sein sterck schnell wider.

256 Patrell dar ein schnell gachte
     wann im was rúe not;
     Persibein der geslachte
     sein angsicht gen dem lufft durch kúele pot,
     den hellem sein het er vom hawbt gepunnden.
     inn dem dem argen valannds man
     was múe vnd all sein vnkrafft gar verschwunnden.

257 Er lof an den geherden
     do er was hellmes plos,
     im mocht dy zeit nicht werden,
     das er zum haubt in pundt erst. schlege groß
     hort man do von in paiden krefftcleichen;
     diss triben si so lannge,
     pis Patrell múest durch rúe im aber entweichen.

258 Zw hanndt ain türlein klaine
     ob in ward auf gethan,
     dar durch Pluben dy raine
     sich sehen liess den wunnder kúenen man.
     von ir plick allerst newe krafft entpfienger;
     ob er sollt schimpffen mit dem pal,   B 192 va
     durch si er wag den streit im et vil ringer.

259 Ain zettel klain her nider
     warff si im dar pehennd,
     auf zuckt er es palld wider
     vnd lass, do vannd er gschriben dar an stennd:

255,6 were A   258,2 in] im B
256,3 geschlachte B   5 krefft B
    4 angesicht B   259,4 geschriben A
    5 hellem] hellm AB

69

wie múed der wicht nwr zu dem sessel käme,
alls er dar ein gesässe,
zw hanndt er newe krafft do wider näme.

260 Patrell sprach zw dem ritter:
»ob du von mir nicht willd
sterben ains todes pitter,
so gib mir her schwert, hellem vnnd dein schillt;
durch dein manhait wil ich dich lan genesen.
solich gnad ich nye mer mann getett,
doch all dein täg múestu hie gefanngen wesen.«

261 »O arger wicht vil schnöder,   A 120 ra
das du tarst solichs geren!
du aller tugenndt öder,
den vnhail gar geschaiden hat von eren!
sollt ich betwungen dir viantze pieten?
wer dich, du volles schannden vas,
du múest ains anndern dich vor mit mir nyeten!«

262 Sunst si zu samen sprungen,
die múettes reichen degen,
erstt hellm vnd schillt erclungen;
ir schillt zerhewens mit vil starcken schlegen.
Patrell mit ainem schlag den iungen vallte;
man sagt, das seinem leibe
wär hundert mannes sterck wol zúe gezallte.

263 »O vy, den val man ymmer
mir mag zw lasster lesen,
drumb soltu wicht, zwar, nymmer

260,4 hellm B   261,4 ... hat geschaiden gar von
261,2 geren] gern AB   e. B
                                  263,2 mir zw lasster mag lesen A

ain stund vor mir auf diser erd genesen!«
do warff er auf das schwert hoch in der hennde
vnd schlúeg in, das dy stachel plech
zu allen seytten stubẹn zuns sales wennde.

264 Vor múed pegunnde schwiczen
der starcke valannds man,
zwm stúel er loff durch siczen;
mit schlegen gros traib in der helld da von.
vil manhait het er von den klaren frawen,
dy sich im zw geuallen
mit zierhait gros sich liessen in an schawen.

265 Das schwerdt zw paiden hennden   B 192 vb
er nam im grymmen zorn,
dye scherff er tet do wennden
gen seinem verch; der iung vnd hoch geporn
durch schlúeg den hellem do dem vil vnwerden,
das er krafftlos an witze
vor im gestrackter lag do an der erden.

266 Den hellem von dem haubet
pannd er palld disem wicht.
er sprach: »dein lebens rawbet
wirstu von mir kain weys. in schergen pflicht
stannd auf, nym dein schwert wider zu den hannden;
ia, ob du streytes gerest,
du wirst von mir noch ritterlich pestannden!«

267 Do sprach der sigs entperend:
»all meiner sicherhait

264,4 da] dar B   265,5 hellem] hellm AB
265,2 grymmem B   266,1 hellm B
    4 geporen A   5 den] dein B

71

den vol pin ich euch werend
vnd pestätt euch das mit meinem starcken aid;
mein leben wil ich han von ewren gnaden!«
»so glob, das du der frawen mein,
noch dem lannd wellst in kainen weys mer schaden!«

268   Do der sig was errungen,
       do húeb sich frewd vnd schal
       von menklich allt vnnd iungen.
       dy künigin her gieng do auf den sal
       vnd vmbe vieng den helden iunck mit armen.
       sy iach: »ob ich wär lones wertt,
       ich lont euch, das euch tät mein not erparmen.«

269   Er iach: »fraw, meiner frewde
       ist ewer súesser leib
       ein hortt vnnd übergewde,
       vnnd meinr senenden quale laid vertreib!
       wie ich mocht nach genaden gen euch werben,
       da wär mir ring ain scharffer streit
       vnd durch euch súeß zw velld ain manlich sterben.«

270   Patrell múst all zu hannde   A 120 rb
       purg vnd das lannd gar rawmen.
       zun fürsten in das lannde
       schickt man, das si sich sollten nymer sawmen,
       das si zer chünigin vil schnelles chämen,
       von ir erwenten layde
       mit ir sich liessen frewd durch si gezämen.

271   Vil poten aus gesenndet
       wurden weyt in dy lanndt,

268,7 tet B   270,5 kemen B
269,2 ewer] ewr AB   7 ir fehlt B; gezemen B

das ir not wär verenndet.
do dise mär den hellden ward pekannt,
dy kamen dar mit storien gros gezogen,
zu velld sach man menng pauilun,
dar ob vil panier gen dem luffte progen.

272   Ain prautlauff ward gemachet
von disen zwain geschönten
von kost lüczel geschwachet.
Persiben zu dem lannd dy fürsten chrönten,
das seyd dem lannd ye kam zu grossem haile.
er was milld, trew vnnd eren vol,
nach schwär waren si mit im frewden gayle.

XVIII   Abentewr, wie Persibein vrlabs gert vnd wie er ain
künigin von einem serpannt erlost.

273   Man sagt weydt in den lannden
dy frewdenreichen mär,
das Patrell wär pestanden
vnnd ennd hett gar der küniginne schwär.
dy risen zwen zer klausen auch gefallen,
Plophinas, Iurethtz gewallt het ennd,
so het das mos gelassen auch sein schallen.

274   Dy not tett gar entschliessen
ain helld gar vnuerzagt;
das lannd man nw mocht nyessen

272,2 geschonten A   273,6 Iureths B
XVIII,1 vrlaubs B   274,3 ... man mocht nw
273,4 küniginne] künigin AB   nyessen B
    5 ... zwen auch zer klausen
      gefallen B

mit kaufschacz, des ward im uil lobs gesagt.
sunst ward das lannd nach eren so peseczet.
nach lanck werenden nöten
ward gar dy diet mit lieb des wol ergeczet.

275   Ain iar er in dem lannde
      wont pey seinr klaren frawen;
      er nam ims für zu schannde,
      das mann nicht sollt pey ritterschaffte schawen.
      man wurd auch ims zu lasster ymmer messen,
      ob er nicht wurb nach preyse mer,
      so wurd seins vodernn lobs mit all vergessen.

276   Nach vrlab zu der rainen
      gienng er an aynem tag,
      dy das ser gunnd pewainen
      vnd iach, ditz wär gar ierer frewden schlag.
      er pat, das si uil frewd sich liess gezemen,
      sy sollt auch sunnder zweifel
      sein schnelle kunfft von im gar palld vernemen.

277   Verwappent an der stunnde   B 193 rb
      ward do der ellensreich,
      aus menngem rotem munnde
      wunschten im hail dy frawen mynikleich.
      Pluben sprach: »got in seinem pschucz dich hallde!«
      sunst schied er dann. an ainem tag
      trúeg in von gschicht dy strass gen ainem wallde.

274,4 lobes A   276,3 pegund A
275,2 wont] want A; seiner A   277,3 menngem rotem] menngen
    4 mann] man AB; sollte A;   roten A
       ritterscheffte B   5 seinem] seim AB
276,1 vrlaub B   7 geschicht A
    2 an] aim B

74

278   Nw alls der iunge herre
          den weg ains tails gerait,
          so sicht er et vnferre
          ain ritter krefftelos. der vnuerzait
          in fragt, war durch er / wär zu nötten kummen. A 120 va
          er iach: »ain serpannd mir pekam,
          des sterck mir hat mein krafft uil gar benummen.

279   »Den pestúenden vnnser dreye
          hewt durch ain künigynn;
          waffen! ich drumbe schreye,
          das er si tregt so mit gewallte hynn,
          das vnnser wer ir laider nicht mocht helffen.
          des dinst er si mit nötten gros
          dort in sein höl den sein verflúechten welffen.«

280   Er iach: »so wil ich kyesen
          ein sterben meinem leib,
          mein leben drumb verliesen,
          oder ich kumm zw hilff dem rainen weib!«
          hin rait er all geschwind nach dem serpannde,
          der het dy myniklichen pracht
          nw in das höl dort pey der staines wannde.

281   Der wurem allt zu vellde
          wider was von seinen iungen,
          das was ir paider sellde.
          dy klainen frayslich an dy klaren sprunngen.
          Persibein rúefft: »fraw, seyt ir noch pey leben?«
          si iach: »ia, doch ye vnlanng noch!«
          er sprach: »frewdt euch, ich wil euch helffe geben!«

278,1 Nun *B*   280,6 minikleichen *B*
    7 genummen *B*   7 hol *B*
279,7 hol *B*   281,1 wurm *B*

282 Dy klagent in der vinster
   er pey ir hannd pegraiff,
   fúrtt si an tages glinster.
   darnach mit seinem schwert menng vmbeschwaiff
   tett er, da von dy iungen all ersturben.
   er sach zwo mägt vnnd menngen man,
   dy all des tags vom alltenn wurbm verdurben.

283 Er sach den serpanndt ziehen
   gen im her zw dem hol;
   si iach: »herr, latt vnns fliehen,
   ich sorg er hab vnns paid gesehen wol!«
   er sprach: »zwar, fraw, ich wil ye hie ersterben,
   oder an dem serpannde
   mit sige da den preyse gar erwerben.

284 »Fraw, hynnder disen staine
   pergt euch ain klaine zeit
   vnd habet sorg gar kaine,
   ir seyt lebens vor anngste wol gefreyt!«
   mit seinem sper ranndt er hin auf den wurbm,
   des ward von in erhaben
   zw paider seit ain fraissamlicher sturm.

285 Sein sper tewf in den rachen
   er do dem valannd stach,
   das es pegunnd erkrachen.
   sein scharffes schwertt er aus der schaiden prach,

282,1 klagent] klaren B
   5 ersturben] sturben B
   6 megdt B; manigen B
   7 ...tages von allten wurbm
     uerdorben B
283,3 fliechen B
   5 ersterben] sterben B

284,2 zeit *von späterer Hand*
     nachgetragen A
   3 *die ganze Zeile von späte-*
     rer Hand auf dem Seiten-
     rand nachgetragen A, vnd
     habt et sorge claine B
   4 gefreyet A

76

da mit erschallt er manngen don mit krefften.
der wurem so gehertet was,
das schwert noch sper auf im nicht mocht gehefften.

286   Aus ellenthaffter hennde
holt er uil menngen schlag
auf den wurbm allem ennde.
zwm iungsten aines stichs er sich pewag
mit seinem sper zer kel vor an den drossen
ain klaffter lannck, das auf dy erd
von im ain plúetes pach her kam geflossen.

287   Der serpanndt so erlúete,
das all der walld erdos,
sunst er zu tod sich wúete;
Persibein het gemacht in lebens plos.
er vieng ain pfärd, prachtz dar der klaren frawen,
lebennd vannd er zwo maget noch,
dy teten disem kampffe lanng zúe schawen.

288   Dy hetten mit vil sorgen
in ainer staines wenndt
sich vordtigklich verporgen;   A 120 vb
dy luffen nw her gen der frawn pehennd.
den wurden gefangen auch zwai ors vil pallde,
der wurm des tags menngen het ervallt,
drumb luffen der ors vil irrig in dem wallde.

289   Frölichen si hin riten
entsamen auf ain velld,
gross koste nicht vermiten

285,6   wurem] wurm *A*,   286,4   Iüngsten *B*
       wurbm *B*   287,4   persiben *B*

sahenns an einem wunnder reichen zellt.
Limors / von Klaremund mit seiner frawen   B 193 vb
vnnd seiner messeneye
het auf geschlagen das zellt in diser awen.

290 Der sach zu im dar kummen
di gestt aus ienem walld;
do er diss het vernummen
er rait mit all den seinen gen in palld.
er entpfienng paid, ritter vnd frawen mit [vil] eren,
er pot in wirtschafft gar dy pesst,
dar nach durch panichen si teten zu vellde keren.

291 Dy künigin das märe
sagt, wie es in dem walld
mit all erganngen wäre;
der tat sich frewte ser der iunng vnnd allt.
Limors iach: »sagt fraw, wie ist es dar kummen,
das ir die ewern raise
durch den sorgclichen walld euch habt genummen?«

292 Si iach: »von diser frayse
hört ich et nye mer sagen,
ich was auf ainer raise
vnnd wollt zer tauel rund mein kumer klagen
von Atlur, der ye was gar trewen läre:
er nymbt mit gwalt ain reiches lanndt
dem vater mein. sunst ain haimliche schwäre

293 »Mues er et auch nw dullden
all durch di wunne sein:

289,4 reichem *B*   292,2 hortt *B*
    6 massenneye *B*   4 meinen *A*
291,7 *vor* genummen *Rasur A;*   5 attlur *B*
    genummen] an genummen *B*

78

Attlur in mynne hullden
ist ir verr pas, ia, dann der vater mein;
er hat zu ameys si im aus erchoren,
doch wisset herr, das ich zer wellt
von ierem vaigen leib nicht pin geporen.«

294   Der ye nur fraise gerte
vnnd der nye gert zu fliechen
pat, das si in des werte
vnnd in ins lannd hin fúerte an verziehen.
er wollt ir vater diesen kummer wennden
oder aber in streitte
sein werdes leben da ritterlich verennden.

295   Limors ims wider riete
durch ienes manhait gros,
zw sambt gar all dy diete.
er iach: »so múest ich sein der eren plos!«
er vrlabt sich, sam tett dy küniginne,
er sach an ir gepärde wol,
das si im trúege von hertzen hollde mynne.

XIX   Abentewr, wie Persibein Attlur von Apolin angesigt
vnnd wie in dy künigin von wiczen schied. vnd wie er zw Nor-
mandy gefúert ward.

296   Gen Apolin dem lannde
fúrt in die maget klar;
der wunnder kúen weygande

293,3 attlur den in m. h. *B*   295,5 vrlaubt *B*
    7 vaigem *B*   7 ... trúegen von herczen
294,7 ritterlichen *A*   holld mynne *A*

nam ainer reichen stat vnd pürge war.
do man in reiten sach mit diser maide
alls volck hiet in erwenndet gern,
den durch sein iugenndt heten vmb in vil layde.

297 Do sahens ab der zynnen
den helld verwap/pent reyten.   A 121 ra
»er entrynndt mir suns nicht hynnen«
Atlur nw sprach; nach eylt er sunder peyten.
Persiben zendt in von der purg et verre;
si rúfften an den zynnen all:
»secht ienen fliehen, wie in hin iagt mein herre!«

298 Parsibein nw diss schallen
hort von in allen wol,
ir rúeffen vnde kallen.
er dacht: »vil palld sich das verennden sol,
das ewer frewd sol haben schier ain ennde,
mir geprech dann gar des leibes krafft
oder das gúet schwert hie in meiner hennde.«

299 Er warff sich vmb in zoren
vnnd nam sein sper palld vnnder,
sein ors mit scharffen sporen
er nam. alldo ergieng ein sölicher punder,
da von dy sper in stucke clain zersprungen;
zway schwert si zugen all zu hannt,
da mit si paid nach hohem preise rungen.

300 Si triben auf der hayde
an annder vmb mit schlegen;

296,4 purge B   298,1 Persibein B
297,2 uerwappen B   5 ewr B
    4 attlur B   299,4 solicher B
    6 den] der A   7 hochem B
    7 fliechen B

Persiben in sein hennd paide
sein schwert do nam vnd kert hin an den degen.
ob dem schillt, da zu recht man pindt den hellem,
sein schwert ain soliche durchfart nam,
das im das haupt vom leib viel in den mellem.

301 Do húeb sich solich schreyen,
     das all dy purg erdos.
     mit der gar wanndels / freyen   B 194 rb
     rait er vnd liess si dort mit klage gros.
     dy künigin tet im dick ir hennde vallten,
     si sagt im gnad, vmb das er het
     ir vater lannd vnd er allsuss pehallten.

302 Hin rait er mit der maget
     in ires vater lanndt,
     der im vil gnad des saget.
     do aber dy lanndes frawe das befannd,
     das ir ameis dort lag von im erstorben,
     wie si dem nicht geleich gepart,
     ye doch ir frewd mit all drumb was uerdorben.

303 Si riet dem künig reichen,
     (das doch pschach mit vntrewen!)
     er sollt den hellt herleichen
     hallten alldo vnd im vil frewde newen,
     vmb das er gstritten hiet dort mit dem frechen.
     diss riet si nicht, wann vmbe das,
     das si sich möcht mit fúeg an im gerechen.

300,3 persibein B
    5 hellem] hellm AB
    6 solicher B
    7 mellm B

301,5 ... tett ir henndt im dicke
       v. B
302,5 ... dort von im lag erstor-
       ben A
303,5 gestriten A

304 Ains tags der vngetrewen
    ward über ain ze múet,
    si wollt ye kumer prewen:
    mit zauber pracht si disen ritter frúet
    dar zúe, das er verlos sein synn mit alle.
    owe, pfuch der vntrewen gros,
    das im zu miet ist solicher lon gefallen!

305 Mer wollt da mordes stifften
    das vngetrewe weib,
    an múet dy gar vergifften!
    si pot zwain mannen pey hullden vnd dem leib,
    das si haimlich in aus zu walde fúrten
    vnd in in ainer willde
    hingen, stechen oder aber sunst ermúrten.

306 Diss múestens paide schweren   A 121 rb
    der künigin eren frey.
    o got, was sol in neren,
    seyd im nicht sind wicz oder were pey?
    si fúrten in hin, got seinr vertt múesse wallten!
    do si ersahen sein klare iugent
    vnd seinen leib, den wunschlich wol gestallten,

307 Sy gunden zemen sprechen:
    »was wil das arge weib
    an disem hellden rechen?
    vnschuldig well wir sein an seinem leib!
    wir wellen in fúeren ins lannd zu Normandeye,
    da müg wir vnd der stolcze man
    von meiner frawen wol wesen sorgen freye.«

308 »Den pesstten rat gar funden
     hastu, hör, trawt gesell.«
     si prachten an den stunden
     in aus dem landt, iahen: »ia, wer vnns well
     vmb dy geschicht nw für an ymmer hassen,
     das sey, wir wellen disen man
     pey seinem iungen leben nämlich lassen.«

309 Zw Normandy man fúerte
     den ellensreichen man.
     mengklich das an im spúrte,
     das er durch lüpp wär worden weishait an.
     der künig hieß selb in zu houe pringen;
     mit klaidernn, speiß vnd allem rat
     wardt er pewart von menngklich sunnderlingen.

XX   Awentewr, wie der künig von Enngelanndt vmb den
     zinß zw Normandy schickt. vnnd wie Persiben wider zu wiczen
     kam. vnd wie er den lewten erkennig ward.

310 Dy zarten frawen waren
     vmb in mit grossem schwär,
     vmb seinen leib den klaren,
     das der zer wellt so gar erwünschet wär.
     ains tags man sach reich poten zu in kummen,
     was ir gewerbe wäre,
     das het zu hof von in man palld vernummen.

311 Von Enngelanndt gesenndet
     het si der künig reich,

308,5 geschicht]gschicht *AB*   310,2 grosser *A*
309,3 spurte *A*

83

das man das palld verenndet,
im schickte zinss vnd tribut gewaltigcleich.
gar sunnder recht het er diss ettlich iare
entpfanngen von dem lannde.
der norman sprach: »veracht mirs nicht zu vare:

312   »Ich pin des über aine
mit all den meinen, zwar,
das ich euch zinse claine
nw für an gib, seid ichs peherten tar
mit streit oder in ainem rinck mit kempffen.
das habt antwurt, sagt menngklich das,
das ich an wird mich nymmer sunst lass tempfen!«

313   Der kampff ward auf genummen
von in zw paider seyt,
zw lanndt dy poten kummen
vnnd wardt geseczt der tag vnd / kampffes streit. B 194 vb
ain markes reich des streitz sich vnnderwannde,
des sterck, manhait was all zu gros,
das sichs hoch frewd der künig aus Enngelannde.

314   Nw was aus Esstelannde
Perlinda dy vil klar,
– dy er von dem serpannde
erlöset hett, Attlur, den eren par
durch si ervellt mit streit so ritterlichen,
das er alldort verloren was –
was si im mengen ennden nach gestrichen.

312,4 gib *fehlt B*
     6 sag *A*
314,4 pär *A*

314,5 ritterleichen *das* e *nach* l
jedoch verschmiert oder
ausgestrichen A

315   Alls nw die wanndells freye
  kam zu ir öhaim dar
  inns lannd zw Normandeye,
  si ward entpfanngen von mennger werden schar.
  vil arbait het si auf ir rais erliten;
  inn dem si sach den toren dort
  mit dem man traib vil schimpf vnnd gämpel siten.

316   Alls si des recht gewaret,
  do sach man von der rainen,
  das si kläglich geparet,
  mit augen naß vil klage groß erschainen.
  menngklich ser wundert, was ir wär peschehen
  so gähes vnd doch newes,
  die pey [all] der diet so frölich ward gesehen.

317   Der tore vil kurteyse
  dy magt auch sach zu hof,
  nach rechter kindes weyse
  schnell er hin zu der myniklichen loff.
  si kustt in dick mit plannck vmb fanngen armen:
  »das ich in kindes weis dich sich,
  das möcht got vnd euch allen wol erparmen!«

318   Der küng si fragt der märe
  von disem stolczen iungen,
  wer oder wannen er wäre.
  si iach: »meng hellem ist von im erklungen,
  zer tauelrund den höchsten preis er fúeret.«
  si sagt in all sein streit piß dar;
  des manig hercz durch in vil iamers rúeret.

315,1 nun *B*   317,1 kurteteyse *A*
  2 kom *B*   5 plancke *B*
316,6 gäches *B*   318,1 künig *A*
  7 die *fehlt AB*   4 hellem] hellm *AB*

319 »O got, sollt er dann wesen
     vmbs lannd der kempffe mein,
     so trawt ich wol genesen,«
     so iach der künig, »möcht ich im wennden pein!«
     des antwurt im dy / keusch vnd raine maget: B 195 ra
     »wie er zu nöten kummen ist
     wirt euch zu ennde von mir gar gesaget:

320 »Alls er den eren pröden
     mit streitt durch mich eruallt,
     – ich main Attlur, den öden –
     ich fúrt in haim. mit frewden iung vnd allt
     puten im eren uil mit ganntzen trewen,
     an mein stewf múeter, dy et was
     vmb Atlur in vil seniklichen rewen.

321 »Wellt ir preis vnd ewer ere
     pestäten an dem iungen,
     ich pin des ewer were;
     acht, das mein múettęr durch not des werd bezwungen,
     si mag dem helld sewch vnd sein kummer púessen.«
     er sprach: »ich fle mit pet si vor,
     vollgt sis nicht, mit gewallt wil ich sis múessen!«

322 Sein öhaim von Osstelannde
     pat er vmb helff dar zúe.
     »wo ich dem kúen weygannde
     mag helffe geben, mit willen ich das thúe,«
     so redt der künig, »er pęhertt mir lannd vnnd ere,
     zw seim gepot vnnd willen
     sten ich darumb mit willen ymmermere.«

320,1	eren] öden B	321,5	sein] den B
7	attlur B	7	gwallt A
321,2	pesteten A	322,1	esstelannde B
3	ewr A		

86

323 Sunst wardt dy fraw pezwungen
  mit menngen peinen hertt,
  piß si dem kúenen iungen
  sein seuch gar nam vnnd im sein tobsucht wert.
  der künig sichs frewdt vnnd gar dy diet gemaine,
  er sagt dem helld von seinem kampff,
  das sein sorg wär dar gegen nicht zw klaine.

324 Persiben sprach: »dy trewe
  alls ir mir habt getan
  ist ewer schwer mein rewe,
  durch euch pey nam wil ich den kampff pestan.«
  inn dem von Enngelannd vil fürsten chumen
  gen dises kampffes wige;
  des ward zu velld manng weytter rinck genumen.

XXI Awentewr, wie Persiben den sig erstrait an dem markes
von Almeria, vnnd Normandia erledigt von tribut vnnd zinss
von dem künig von Enngelanndt.

325 Nw ward gen disem streite   B 195 rb
  ain rinck uil weyt gemacht;
  alls kam des kampffes zeite,
  vil wol verwappent yeder dar ein gacht.
  zway sper starck pot man disen zwain zu hennden;
  nw was gelobt pey küniges trew,
  das von kaim her nyembt helffe kainr torst sennden.

326 Ir paider hercz tet streben
  gierlichen gen dem punder,

324,3 schwär B   325,4 vil *fehlt AB;* yeder *von*
XXI,2 Almeria] almerra A   *späterer Hand AB*
                          7 kainr] kaim A; torsste A

87

sunst saczten si sich eben.
das nam dy werden all vil michel wunnder,
da diser iustt mit krafft ward so gemessen,
dy sper zerprochen allso gar,
das yeder vor der thiost ye was gesessen.

327   Ieder im palld dar raichen
      ain annders hiess zu hannden,
      des múetes nicht dy waichen,
      sunst sechs yedem vor hennden gar uerschwannden.
      man pracht in zway von varben nicht vastt wähe,
      doch waren si von horen
      vnd adernn gemacht vastt starck vnd da pey zähe.

328   Ain thioste hurtigcleiche
      payd si erst weyte namen,
      dar von der ellensreiche
      markes an wicz lag auf der plúemen samen.
      Persiben palld erpaist ab zw der erden,
      den hellm er do vom haubet panndt
      durch kúelen gen dem lufft dem stolczen werden.

329   Der lag et hie ängstlichen
      all krafftlos auf der grúen;
      da im nw was entwichen
      dy vnkrafft gar, auf spranng der ritter kúen.
      er sprach: »o got, wie hastu mein vergessen,
      waffen! das dises lasster gros
      mir vnd mein magen sol werden zúe gemessen!«

330   Er sprach: »ich wil drumb sterben
      auf disem annger hie

328,1 thioste] thiost AB   328,2 sy payd erst w. n., sy von
                                                    späterer Hand B

88

oder den sig erwerben,
des all dy wellt an mir gewont sind ye!«
sein hellmm in zorn er pannd schnell zw dem haubet,
da hiellt auch da her Persibein
vnd was et manhait der gar vnpetaubet.

331 Zw samen mit den schwerten   B 195 va
     erstt sprungen dy not vestten;
     si paide streites gerten,
     do sach man fewer weyt aus hellmen glestten.
     dy schillt zerhuyens gar pis an dy riemen,
     yeder strait ser nach preyses lon
     mit grosser krafft, wann da schied si et nyemen.

332 Persiben seim gestreitten
     durchs haubet schlúeg ain wunden,
     das er in kurczen zeitten
     aber an wicz ward in den plúemen funnden.
     des múest er zwungenlich viantze geben
     Persiben dem uil kúenen,
     ia, ob er wollt auf erd noch lennger leben.

333 Siglichen ab dem wale   A 122 ra
     gienng do her Persibein,
     menng fraw klar liecht gemale
     in vmbe ving. nw hort man kläglich pein
     in ienem her von künig vnnd all den seinen;
     hin trúeg man den halb totten man,
     ettlich seinr mag ser teten sich drumb peynen.

334 An vrlab dannen wannde
     der künig vnd all sein her.

330,7 vnperaubet B   331,5 zerhewens B
331,4 fewer] fewr AB   334,1 vrlaub B; danne B

nw hört: do der weygannde
den sig erstritten het mit frecher wer,
der künig in pat pey im da zw peleiben,
das er von im näm kron vnnd lannd
vnd tät seins leibes zeit alldo vertreiben.

XXII   Awentewr, wie Persiben von Normandia schied, vnnd
wie er Klamisa der magt ir lannd erstrait Viatschena von dem
vngetrewen Budisollt von Valturnie, vnd wie er im angesigt.

335   Er danckt dem künig ferre
       der gúeten hanndlung sein.
       nach vrlab sprach der herre,
       da was nicht annders an wie drumb laid pein
       der künig vnnd sunst all dy messeneye.
       verwappent ward er wol zw fleis
       vnnd schied mit hullden dann der schannden freye.

336   An einem tag der kúene
       rait durch ain grúene awen.
       vor ainem walld was grúene   B 195 vb
       sach er reiten ain wunnder klare iunckfrawen,
       dy trúeg klaider von reichait nicht dy heren,
       ir runzit tet vil menngen strauch,
       aus augen klar tet si uil zäher reren.

337   Nach grúeß ers fragt der märe,
       war si hin keren wollt,
       do sprach dy klagepäre:

XXII,1 Persiben] her Persibein B   335,2 hanndlumb B
        3 vallturine B   3 vrlaub B
                                         336,6 ruzit A

»zu Artaus, der ye was den eren holldt:
von Viatschen mein frawe ist pelegen
von ainem valant vntrew vol,
doch ist des leibs er gar ain kúener degen.

338   »Ich hoff den man ich vinde,
der sich durch vnnser not
dort streites vnnderwinnde.«
er sprach: »fraw, durch euch wil ich ligen tod
oder ich wil euch schwär vnd kumer wennden.
nw reitet für vnd weist mich dar,
das ich den streit in kürtze müg verennden.«

339   Si fúrt in zu dem lannde,
das was verödet gar
mit rawb, mort vnnd auch prannde.
er sach mit storie manig grosse schar,
er sach ain stat vnd purck vil wol erpawen;
si iach: »dar sol wir keren hin,
do vind wir Klamissa, dy lanndes frawen.«

340   Hin ritens mit ein annder;
frawen vnd ir gesind
in sölchem zadel vannder,
ia, wän ich wol fraw Herczenlawden kind
zw Peylrapeyr den gleichen nye erkannde!
wo er hin sach, da was et nicht
von speis vnd tranck, von pfell noch söllichem gewannde!

341   Mit frewden gros entpfanngen   A 122 rb
ward er von diser schar.

337,4 zu Artaus] si iach zu artus   338,1 Ich *auf Rasur (ursprüng-*
     B; den *von späterer Hand*   *liche Initiale M oder V?) A*
     nachgetragen A, fehlt B   339,4 storie] sto'ren *A*
    5 fraw *A*   340,3 solichm *A*
    7 leibes *B*   7 solichem *B*

Klamissa her geganngen
selb kam gen im; wie das ir klaider gar
verarmet warnn, si was doch mynikleiche.
nach entpfannck saczt si sich eneben im
vnnd klagt war vmb zerstört wär gar ir reiche.

342   Si iach: »nach meiner mynne
so wirbt ain valands man,
das mir nye ward zu synne!
vmb dew túet er mein lanndt sunst reyten an,
Budisollt von Valturni, der uil starcke;
das ich im mynn vnd leib versagt,   B 196 ra
drumb hergt er mir mit all meins lanndes marke.«

343   Budisollt sein garzune
sanndt zu der künigin:
ob im hayles fortune
wollt fúegen, das si im gäb lanndt vnd mynn?
Persibein sprach: »sag deinem herren diss märe,
das er der eren sey verzagt,
morgen mit streit zu im ichs wol pewäre!«

344   Der garzun sprach: »herr, lassen
sollt ir gen im den streit,
sein sterck ist gros an massen.«
Persibein sprach: »des kampfs ich kaum erpeit!
haiß deinen herren zw velld et sich peraiten,
sein vntrew vnd meinr frawen recht
wiert in zu vall vnd mich in preyse layten.«

341,5 verärmet B; waren A;   342,5 Budisolt B
      si] dy A   7 darumb A
    6 nach *von späterer Hand*   343,5 Persiben B
      nachgetragen A   7 ichs] s *von späterer Hand*
342,4 er mein *von späterer Hand*   *nachgetragen* A
      nachgetragen A   344,4 persiben B; sprach] iach B;
                                kampffes A

345 Der pot dem vngefúegen
     zw velld dort sagt das mär;
     er iach: »streitz ain penúegen
     gib ich im; ob ioch seiner dreissig wär,
     ich wig si alle ringer wann ain vesen!
     er múeß sein hennde vallten mir,
     wurd fro, liess ich in nach dem núr genesen!«

346 Morgens zw kampffes zeyte
     kamen dy ellenns reichen
     verwappent wol zu streite;
     ir kainer gert da kampffes zu entweichen.
     yeder ain starckes sper fúrt zer thioste,
     sunnder valieren ward der iustt
     hurtigclich dar ersprenngt mit reicher koste.

347 Dy sper zerstucket claine
     sach man im lufft vmb varen,
     dy hellden schnell nicht saine
     zwm anndernn iustt ir leib nicht kunnden sparen.
     dy thiost ergienng mit ainem sollichen krache,
     da von der starcke Budisollt
     zer erden lag an krafft mit vngemache.

348 Persiben der weygannde
     den hellem im enstrickt,
     da von der starck valannde
     wider vmb von vnkrefften sich erquickt.
     der helld iach: »nw ler, was da haisset sterben,
     oder pewt dein vianntze her,
     ich wil dir gnad zw meinr frawen erwerben.«

345,4 seinr A   347,2 vmbe A
    5 wann] dann B   348,2 hellm B; entstrickt B
    7 nur B   4 vnkreffte B
346,7 hurtigkleich B

93

349 »Vmb mein vil kranckes leben,   B 196 rb
     ob du mir das wild lan,
     mein sicherhait dir geben
     wil ich, dy ich vor nye gepot kaim man.«
     »so schwer, das du meinr frawen schaden gellten
     wellest mit all den vollen
     vnnd sy súechest mir her her nach vil sellten.«

350 Alls er nur diss gelobet,
     zw hanndt er múestt von dann.
     wie manicher darumb tobet,
     was si dar prachten múestt man im vellde lan;
     zellt, speis vnd trannck, golld, gstain vnd reich gewannde
     het man im lanndt erliten icht.
     mit frewden trawren in mit all verschwannde.

351 Gross danndk im ward gesaget   A 122 va
     gemain von aller diet.
     Klamissa sprach, dy maget:
     »herr, zw meim leib vnd gúet habt ganntz gepiet.
     ewr manlich hannd hat mir vil hails erworben,
     wir waren doch verzweifelt gar,
     wir sollten sunst in nöten sein erstorben.

352 »Beakurs von Norwage
     hat newes hie gestriten,
     vmb in ich kumer trage,
     selb dritt im ward sein preis et gar verschniten.
     all nahen hie si ligen noch geuanngen,
     (†) doch mag vor laid in weren nicht,
     seid das der streit zw hail vnns ist erganngen.«

349,4 ... vor gepot nye kaim   350,1 globet A
      man B

94

XXIII   Abentewr, wie her Persibein von Klamissa schied vnnd
in Pritani rait vnd wie es im da ergienng.

353   Nach vrlab zu der frawen
       ging do der ellensreich:
       »zw ewrm gepote schawen
       sollt ir mich, dinstz ich euch durch nicht entweich.«
       was man in pat, man múestt in reyten lassen.
       si tet im menngen vmbe vannck
       vnd súessen kus waynend mit augen nassen.

354   Verwappent gar zu fleisse
       ward er von diser schar
       inn sein prünn silber weisse,
       ain zimier nam man grosser reichait war.
       mit hullden schied von dann der kúen / weygannde. B 196 va
       gepirg vnd wälld er vil durch rait
       piß er kam zw Pritani in das lannde.

355   Des tages iagen, pirsen
       wollt Artus vnnd dy seynen,
       vahen den weyssen hirsen.
       do liess zu velld Artus vil reichait scheinen.
       do waren fürsten mit vil mennger frawen,
       aine sunder rait durch den walld,
       dy was et grosser klarhait vnuerhawen.

356   Es fúrt ain präcklein claine
       dy selbig maget klar.
       palld rait zu ir der raine
       vnd sprach: »fraw, ob ichs zu euch múeten tar,

XXIII,1 Clamissa B   353,1 vrlaub B
       2 pritoni B   4 durch fehlt A
                                    355,5 warn A

das ir ain potschafft mir hie rúechet werben
zw Artus dem uil reichen?«
si iach: »sagt, es sol meinhalb nit verderben.«

357 Er sprach: »haistt mir zu vellde
all durch sein wirde groß
auf schlahen ain gezellde;
das auch das pleib mit all des zadels plos!
ditz präcklein sol auch wesen hie mein pfannde,
doch sunnder raub fúer ich es hynn,
ain moned ganntz pleib ich alhie zw lannde.

358 »Wer mirs well ab erstreitten,
zw velld wil ich des wartten.«
sunst an den selben zeitten
rait er von der gar myniklichen zartten.
si rait auch vnd sagt Artus gar das märe,
wie man den schönen hund ir nam,
auch was im sunst pey ir entpoten wäre.

359 Der künig nicht paittę lannger,
das zellt ward auf geschlagen
auf ainem schönen annger.
zer tauel runnd gunnd man diss märe sagen.
do ward geschriręn nach harnasch, schillt vnnd spere;
her Segrimors der erste was,
der durch thioste manlich aus nam sein kere.

360 Persibein galopieret
manlichen gen im her,

356,6 dem] den A
     7 meinthalb nicht B
357,6 doch] do A
     7 monad B
358,1 Wer] Der (Irrtum des
        Rubrikators, der vor-

gezeichnete Repräsentant
W ist noch zu erkennen) A
358,5 Arty A; gar fehlt B
359,3 ainen A
     7 thioste] thiost AB
360,1 Persiben B

in enngels weys gezieret;   A 122 vb
nach hohen preis stúnd ir yetweders ger.
do wurdẹn zway sper in drunzun clain zerstucket
wie man zu hof mit kappen spilt;
sunst Segrimors seim satel ward entzucket.

361 Dodines was der annder,   B 196 vb
     ain ritter starck vnd kúen,
     drat in dy plúemen glannder
     vom iustt er viell et auf den wasen grúen.
     Kologrannd, der auch nicht thioste kund sparen,
     viel von dem ors wol speres lannck.
     Orphilet kam auch aus zu velld gefaren.

362 Den auch sein thioste vallte,
     vnnd sunst noch ritter drey,
     an den er preis pezallte.
     siglich zw seim gezellt der schannden frey
     rait hin; in dem her Kay von wallde kame,
     vor laid er nach erstorben wär,
     do er dy layden mär zu hof vername.

363 Er sprach: »ich pin erpollgen
     euch allen durch den streit;
     ir wellt mit nicht mir vollgen,
     ir möcht erpiten han gar leicht der zeit,
     das ich zw hof von walld her wäre kumen!
     das ich et was hie haymen nicht,
     durch spech hatz iener dortt vil wol vernumen.

361,1 Godines A   362,1 thioste] thiost AB
    4 vom] von A; et fehlt AB   7 mer A
    5 kalogrand der auch thiost   363,5 wär B
       nicht kund sparen B;   6 hayme B
       thiost A   7 vil fehlt B
    7 gefarn A

364   »Es wär meins herczen schwäre
      vnnd stört mir all mein wunn,
      westt er, das ich hie wäre!
      pey nam, in diser nacht er hynn entrunn!
      wartt, das dy ding et pleiben wol uerholen,
      morgen auf seinem schillt mein sper
      múeß hefften, da von vnpreis er múes dolen!

365   »Sich mügens all mein mage
      an mir wol ymmer frewen
      durch den preis, den ich trage,
      das ich ritter zu vellde sunss kan strewen!
      sich frewdt des siges iener heint von herczen,
      secht nwr zúe, wie es morgen gat,
      so wirt et in lustten mit nyembt zu scherczen!«

366   Nw morgens do es tagte,
      dy sunn man scheynen sach,
      Kay der vnuerzagte
      verwappendt aus zu velld was im uil gach.
      do hiellt et Persiben dort vnerschrocken;
      wo er solich lúeder sach zw streit,
      da torfft man im mit veder as nicht locken!

367   Ir sper si paide naigten
      nach augen mass, dy frechen,
      irę ors schnelhait erzaigten,
      nye man zway sper von iust sach so zerprechen.   B 197 ra
      hie mit her Kay dem satel ward entpfúeret,
      hinderm ors aines speres lanck
      mit leger er den grúenen wasen rúeret.

365,4 suss *B*   367,4 nye man von iust zway
366,1 Nun *B*   sper... *B*
    4 uil *fehlt A*   6 ains *A*
    7 nicht] nit *B*

98

368 Ieder gertt aus zw streitte
vnnd wollt dy tat nw rechen.
der künig sprach: »nyemannd reyte,
ain yeder seinen schillt henngck für den frechen,
wen er dann rúert, dem sey der streit erlaubet.
er heldt gar vneruorchte noch,
wie er zwelff hat des preyses hye perawbet.«

369 Sunst wurdens schon gehencket   A 123 ra
an ain vil reich gezellt.
Artuses schillt geschwencket
von erste ward, der kam auch aus zw velldt
in enngels weiß alls wol zam seinen ellen;
yeder gertt, das er sein gestreitt
mit seiner iustt möcht zu der erden vellen.

370 Dy ors vil hurticleichen
mit sporn wurden gerúrt;
Artus dem tugentreichen
sein hellem ward am spere hin gefúrt.
vil palld der helld den künig Artus kannte,
sein sper warff er schnell aus der hanndt,
flüchtig zw walld er vor dem künig rannte.

371 Artus im rúefft durch streitte,
(er wollt et nicht enhören):
»werlicher helld mein, peyte,
lass deinen preis dir weiplich nicht suns stören!«
was er in mant, er thet alls vor im fliehen.
do wider wanndt auch Artus nw
vnnd thet zu seinem zell auch wider ziehen.

368,2 tat *von späterer Hand*   370,4 hellem] hellm *AB*
       nachgetragen A, fehlt B   5 erkannte *B*
                                       371,5 fliechen *A*

99

372 Gaban sprach: »herr, gelaubet,
er ist aus vnnser art,
zw pfannd secz ichs mein haubet.«
von im vnd Ereck es versúechet ward;
dy riten zw seim zellt, do man in vannde.
alls in her Gaban ane sach,
zw hannd den öhaim sein er wol erkannde.

373 »Got vnd mir wilikumen
pis lieber öhaim gúetter,
du hast hie sig genummen
an menngem helld, der ye was preyses frúeter!«
er sprach: »ich han entert mich an Artawse,
das ich / vom lannd mich schaiden wil   B 197 rb
yetz vnd für nicht im tar kumen zw hawse.«

374 Gaban iach: »vmb dy schullde
sol dich der wanndels frey
wol kummen lan zu hullde,
sunst werb wirs auch zw all der messeney.
si riten hin, verslichten wol den werren,
dy diet mit all erfrewet ward,
rait selb zw velld, pracht zw hof disen herren.

375 Do ward der ellennsreiche
mit frewden groß entfanngen;
fraw Gynofer frewntleiche
mit mannger klaren frawen kam geganngen.
mang súesser kus ward im von rotem munde,
si massen all sein wirde groß,
dy man inn lannden sagt zw aller stunnde.

373,5 enteret A; artause B   Hand nachgetragen A,
    6 vom] von B   aus B
374,4 auch] ch von späterer   374,5 uerschlichten B
                                       375,3 Ginofer B

100

XXIV   Awentewr, wie sich Persiben verholn von Nantis schied.
vnnd wie er Eckopranten sein ameyen Mabilia erstrait ab Gront-
schenalir von Lorancz. vnnd wie er im angesigt.

376   Ains tags im kam zw synne,
      das er nw haym zw lanndt
      wollt zw seinr künigynne.
      dy strennge mynn sich sein hye vnderwanndt.
      nach tagen drein er vrlabs tete geren,
      des wollt künig noch künigin
      noch all dy messeney in nyndert weren.

377   Er dacht: »ich múeß verholen
      mich diser diet / entsagen.«   A 123 rb
      haimlich vnnd gar verstolen
      er dannen schied. an ainem tag er klagen
      ain maget vannd, dy inniclich erwainet.
      er sprach: »fraw, sagt mir ewr schwär,
      durch was ir solich vngepärd erschainet.«

378   Si sprach: »gross anngst mich rúeret,
      herr, durch die niftel mein,
      Grautschenalier entpfúeret
      hatz ir ameys, des si hat senlich pein.
      Eckeprannd ist durch streit im nach gestrichen,
      owe seinr klaren iugendt!
      gen ienes sterck der streit et stet ängstlichen!«

379   Er iach: »dar weist mich pallde,   B 197 va
      dar wir sie mügen ergahen.«

XXIV,1 verholen B   377,4 an von späterer Hand
    2 eckepranten B   nachgetragen A
    2–3 grantschenalier B   7 vngepär B
376,5 vrlaubs B   378,3 grantschenalier B
                                       7 ienes] Iener B

101

hin ritens durch den wallde,
do si des küniges haupstat vor in sahen.
do waren si et vor im dar ein kummen,
vnd het Grantschenalier den sig
an Eckeprannd dem kúenen nw genummen.

380   Persibein mit der maget
ging zw dem wirtt des lannds;
er sprach zw im: »herr, saget,
was vnnderwinndt ir euch so reiches pfannds,
alls irs zw vnrecht thúet an diser frawen,
das ere schwacht vnnd ritters preis?
ewr lob sol werden pillich drumb verhawen!

381   »Ob ir kunndt preises wallten,
ritterschafft, nicht ain zag,
vmb dy vil wolgestallten
pewt ich in aynem ring euch kampffes schlag.«
Grandschenalier dy red uil ser uersmachte.
nw morgens so der tag erschain,
verwappent wol yeder zu velld aus gachte.

382   Parsibein naigt sein lanntze
auf den helld ellennsreich,
dem künig von Lorantze
der iust mit krafft erkracht so hurticleich,
da von dy sper in drunzun klain zersprungen.
zway anndre wurden in geraicht,
allsuss dy hellden paid nach preyse rungen.

379,6 den] dy *A*   381,1 kündt *B*
    7 eckepranndt *B*   2 ritterschefft *B*
380,2 lanndes *B*   5 grantschenalier *B*
    3 herre *A*   382,1 Persibein *B*
    4 pfanndes *B*

383 Sunst si sechs sper verschwannden,
     des wurden den not vestten
     zway soliche zw ir hannden,
     dy von ir grossen sterck nicht mochten pressten.
     mit zoren paid si namen disen punnder,
     da von der starck Grantschenalier
     in plúemen lag des leibes vngesunnder.

384 Persiben auch erpaisste
     zw hannd, der degen kúen;
     das er vianntz im laisste,
     des zwanng er disen hellden auf der grúen.
     des wollt sich Eckeprannt zu fúeß im pieten,
     er húeb in auf vnnd sprach: »für war,
     sölicher vnzucht sol ich mich nicht nyetten.«

[B 197 vb

XXV Awentewr, wie Persibein zwo stet vannd vnnd wie es im
dar inn ergienng. vnnd wie er dem totten angesigt vnnd dy stet
dem künig Fridemar erledigt.

385 Hie ward der von Sambrane
     ledig vnd sein amey,
     dy kerten zw Pritane.
     auch vrlabt sich zw hannd der schannden frey.
     sein múet ranng mer nach streit vnnd awentewre.
     ains tags über ain weyt geuild
     sach er ain stat vor im, der vil gehewre.

383,5 zoren] zorn *AB;* paid]   384,7 solicher *B*
       palld *A*   385,1 sambrone *B*
    6 starcke *B*   3 pritone *B*
384,1 Persibein *B*   4 vrlaubt *B*
 • 2 der] den *A; vor der ist*   5 mer] nwr *A;* awentewr *A*
       dem *ausgestrichen B*   6 ains tags vor aim geuilld *B*
    5 eckepranndt *B*   7 gehewr *A*

103

386 Er rait ein zu der pforten,
der degen schannden pär,
vnnd súecht an allen ortten,
do was dy stat / gar aller diete lär.   A 123 va
manng haws vnnd palas gar durch súechen gunder,
do sach er von gezierde gros
vnnd aller reichait ain vil michel wunnder.

387 Er dacht: »zwar, sunnder lewte
ist nicht dy schöne stat,
was es et sunst pedewte.«
er ass vnnd trannck, da was gar voller rat.
alls sich dy nacht mit trúeb et wollt an vahen,
do sach er zw der pforten
paid frawn vnnd man ain michel volck ein gahen.

388 Do si den helld ersahen
dortt siczen in dem sal,
mit frewden gross entphahen
húeb sich von diser diete vberal.
dy nacht si waren mit im frewdenreiche,
nw morgens alls der tag an ging
zwgens aus der stat alle gar geleiche.

389 Si paten auch den heren,
das er durch sein gemach
mit in dann wollte keren.
er sprach: »war hin ist euch der vertt so gach?«
»herr, da türr wir der fertt vnns hie nicht saumen
den tag piß zu der nachte gar,
sunst múess wir alle tag dy stat hie raumen.«

387,3 suns *B*   387,7 frawen *B*
    4 gar *fehlt B*   388,3 entpfachen *A*
    5 ... nacht wollt mit t. a. v.
      B; et fehlt AB

104

390 Do iach der künig des lanndes:
»hört, herr, was ich euch sag:
sein lebẹn stúnd hohes pfanndes,
wer hie peleiben wollt et ainen tag.
den kumer kan durch nicht vnns nyemannd wennden.«
hie / mit di stat ward volckes lär   B 198 ra
vnd fúrten mit in disen helld genennden.

391 Ain stat innder zwain meylen
lag michel vnde gros;
zw der si teten eylen.
er sach, das si auch was gar armúet plos.
den tag pelibens dar mit grossem schalle.
alls nw die nacht schier kummen wollt,
do fluhen si ett aber draus mit alle.

392 Persiben sich dar nider
gelegt het durch gemach.
alls er erwachet wider
von aller dieth kain mensch pey im nicht sach.
des wunndert in et hartt gar übermasse;
hie mit er zw seim pfärde ging
vnd rait et auch nw für an hin dy strasse.

393 Ain allte purck vnferre
sach er uil nach zeruallen.
dar entgegen rait der herre,
so rúefft im nach ain weib mit lauttem schallen:
»ich ratt dir, helld, das du deinr vertt erwindest,
ich sag dir, ob du volgest nicht,
das du dortt múe vnd grosse angste vindest.«

390,3 hoches *B*
    7 helld *von späterer Hand*
     nachgetragen A, fehlt B

392,1 Persibein *B*
    4 nicht] nit *B*
    7 an hin] hin an *B*

394 Von willder artt geporen
so was dy vngethan:
rot augen, lannge oren,
zw yeder seyt der wanngen ragt ain zan
nach ebers art aus irem weyten munde,
mit har verwachsen was si gar,
murret ir naß gleich ainem vogel hunnde.

395 Dy kam zw im gelauffen
vnd sprach: »hör was ich sag:
wolltz du dein leib verkauffen,
das wär et mir für dich ain frewden schlag
all durch dein wird, dy dich sind angeporen.
von einem wicht verwassen
hietz du dein iunges leben gar verloren.«

396 Er sprach: »in kainen weyse
lass ich dar mein geuertt,
es schwachet meinen preyse;
got hat in maniger fraiß mich dick ernert,
der sol auch / mein zw diser raise wallden.«   A 123 vb
»willdu der rais erwinnden nicht,
ich sag, wie du dich zu der vertt sollt hallden:

397 »Wann du dort wirst pestannden   B 198 rb
von des tewfels geschewtz,
so nym zw paiden hannden
des schwertes spicz, zu perge ker das krewtz.
soll deines haills zer wellde ock mer wesen,
so kumptz von disen dingen;
annders dein werder leib wär vngenesen.«

394,1 geporn *A*   397,5 mer] me *B*
395,7 hietzt *B*

398 »Ich danndk dir diser lere«
     sprach er, »vnd deiner trewen.
     köms dar zúe ymmermere,
     es sollt et dich gen mir vil lützel rewen.«
     sunst kert er zw dem haws, do sach der klare
     vil kerczen liecht entzünndet;
     kostreich enmitten stúnd ains toten pare.

399 Sein pfärtt er hefften gunnde,
     zw hanndt spranng aus der par
     der tod zer selben stunnde
     vnnd lof mit streit an disen fürsten klar.
     si gabẹn an annder schleg dy vngezallten,
     ye doch volgt er Kurie rat;
     das im tett leben vnnd sein preis pehallten.

400 Den spicz nam er zer hennde,
     kert an in mit dem krewtz;
     der tod sprach: »kumers ennde
     hastu gemacht mir vnd auch helle weitz.
     ich lob got, das du ye zu lannd pistt chummen,
     mein not, des lanndes vngemach
     hat durch dich nw vil gar ain ennd genummen.

401 »Küng Fridemar ditz märe
     machtu mit frewden sagen:
     das ennd hab all sein schwäre,
     dy er erliten hat zu menngen tagen.
     durch vorcht tarff er mich kainen weys entsiczen.«
     dicz was zer nacht, nach dem der tag
     her durch dy wolken prach mit liechtem gliczen.

398,1 ler A   401,1 Künig A
    3 kems B

402 Do Kurie pefannde,
      das der helld was genesen,
      si sagtz gar in dem lannde;
      des gund man seinen preis vil hohe lesen.
      auch rait er selb zum küng, sagt im das märe,
      wie im auf seiner raise
      all mit dem toten dortt geschehen wäre.

XXVI   Abentewr, wie Persibein zu Isaual rait. vnnd wie ir
fraw Plubena súecht, wie ers pey ainem turnay vannd in Iger-
lannd.

403 Das lanndtuolck alls gemaine   B 198 va
      pot im drumb uil der eren.
      nach kurtzer zeit der raine
      mit vrlab thet von all der diete keren
      zw Isaual hin in sein aigen lannde.
      do man des herren kunfft vernam,
      dy lanndes fürsten zw im kertẹn zw hannde.

404 Dy sagten im diss märe,
      wie das aus in dy lanndt
      dy künigin nach im wäre
      durch súechen in. da er nw das pefannd,
      do mocht auch in seinr verte nyemannd wennden.
      vil manig reich, pirg vnnd auch walld
      sust súcht er vmb sein frawen menngen ennden.

402,4 hoche B   404,4 da] do B
    5 chünig A   7 sunst B
XXVI,2 Plubena] plube auf
       Rasur korrigiert A, blu-
       ben B; ainem] ainez A

405   Zwm iüngsten von geschichte
       sach er ain weytes velld,
       vil panier auf gerichte
       waren, vnnd auch zer spannen manig zellt
       vor ainer stat von ainem künig grossen,
       der durch seinr schwerster liebe
       den fürsten het ain turnay reich gestossen.

406   Von dem her auf dy grúene
       so rait ain fürste frey,
       der sach den ritter kúene;
       er sprach: »ob dir ye mynn trúeg dein amey,
       so wer ainr thioste mich hie durch ir mynne.«
       des punnden si die hellem paid,
       ir yedem was et preyses uil zu synne.

407   Vor ir yetweders hannde
       dy starcken sper verschwunnden,
       des ward der küen weygannde
       herczog von Spolit in den plúemen funnden.
       Persibein disen klagt all durch sein ellen,
       er erpaisste schnelles vber in
       vnd iach: »vnhail sol dir got ymmer vellen.«

408   Dicz merckt der ellennsreiche,
       das der helld in sust klagt.
       er sprach: »dy mynn geschweiche
       dir nymer drumb,« so redt der vnuerzagt,
       »mein sicherhait soltu, helld, mit dir fúeren;
       das dein hertz ist ganntz trewen vol,
       das mag ich wol an deiner wierde spúeren.«

406,5 thioste] thiost *AB*   407,4 spolir *A*
    6 hellem] hellm *AB*

409 »Helld, des piß ett erlassen,
diss múesst mich für dich rewen!
ich sich dich in den massen,
das ich gesellschafft dir laisst gar mit trewen.
sag mir, wer ist hie dises hofes herre?«
»der / künig Belurs von Igerlannd,   B 198 v
den hoff er samlet hat von ritternn verre.

410 »Nw mercket, herr, warumbe
der turnay sey gelegt:
wer hie in diser summe
mit ritterschafft den höchsten preyse tregt,
dem gibt der künig fraw Beaflor dy schönen,
dy istt von art sein schwesster,
das in zw miet ir mynn drumb sol pelönen.

411 »Auch sind von frawen wunnder
zw disem turnay kumen,
vnnd aine gar pesunnder,
der gleichen schön nye man hat mer vernummen;
diss ist von Isaual dy küniginne,
dy ir ameys súecht durch dy lannd,
dem si von schullden tregt uil hollde mynne.«

412 Do er diss mär erhorte
sein hercz ward frewden vol.
vil kumers es im storte,
er dacht: »mir möcht zer rais gelinngen wol.«
der fürst in pat gselliclicher companeye,

409,4 gar *fehlt* AB   411,7 hollde] hohe B
410,1 Nun B   412,5 gesellklicher B; compa-
    4 preis B   neye] gponeye *oder*
    5 frawe A; beaflor *von spä-*   c'poneye (?) A
       terer Hand auf Rasur
       nachgetragen A

110

das er mit im zu disem hof
durch preyse werben wollt in dem turneye.

413 Er sprach: »seyt irs thúet geren,
so wil ichs euch hie laissten,
iecz vnd noch fürpas eren,
wo ich mag mit meinr hilff der allermaissten.«
sunst ritens mit ein annder, dy vil frechen.
alls der hof nw getailet ward
sach man si paid vil starcker sper zerprechen.

414 Persibeins krey glorieren
hortt man in / aller schar;   A 124 rb
»o voy, secht zu dem zieren!«
auch nam man sunnder des von Spolit war.
si zwen aus säteln ritter kunnden zocken
gleich wie man hie durch gampelhait
von stro dy vasnacht mann zu höch thúet schocken.

415 Do man sunst sunnder lobte
her Persibein den helld,
des was uil nach ertobte
der von Nauern. er sprach: »für war, in vellt
mein lanntz hewt, da von mein lob für sich rucket,
mein krey erhollt den höchsten ruem,
oder mein preis der helld mir gar entzucket!«

416 Si rúefften paid nach speren,   B 199 ra
der man den voll in pracht,
dy múettes reichen heren
ir yeder auf des anndern preis gedacht.

414,7 hoch A   Hand nachgetragen A,
415,2 persiben B   fehlt B
    5 lantze B; sich von späterer   415,6 rúem A
                               416,4 auf] aus B

111

den orsen schlúegens dy spornn zw den seyten,
do wurden sper zerstucket klain,
alls ob spän ob in in den lüfften schneyten.

417 Zw hannd si wider wurffen
dy ors vmb gen dem wig,
alls si wol preis pedurffen.
ieder wär geren pliben pey dem sig.
zway anndre sper starck, new si schlúegen vnnder,
do wardt der iustt geritten so,
das hellm vnd schillt erglestt nach fewres zunnder.

418 Das volck wunndert mit alle,
das dy helld ye gesassen
der thioste sunnder valle.
ain anndernn puhurt si zu sammen massen,
der ergienng so hurtigclich mit lautem krache,
da von der künig von Nauernn
hinderm ors lag zer erd mit vngemache.

419 ›Fraw Mynn, secht wie der werde
hie sunnder sprach vnnd wicz
ligt krefftlos an der erde!
das sind ett täglich ewer tuck vnd licz,
dy sein mit not in prachten ab dem vellde!
Fraw Mynn, er was ye ewer kempff,
secht, so ist das et ewer wider gellde!‹

420 »›Guguck‹ der gauch nur singet,
wie das der nachtigal
gedön pey im erklinget

417,1 wider] widervmb B   419,4 ewr A
    3 si] dy B; bedürffen B   6 ewer] ewr AB
418,3 thioste] thiost AB   7 ewr B
    7 orsch B

im walld mit súess vnd wuniklichem schal,
sein sannck drab pessert er nit werdt ainr vesen.
allsuss psicht, du vil tummer,
es mústu an der toren schar auch wesen!

421 »Wes sollt der helld entgellten
Persibein wider mich,
der mein vergisset sellten?
du gieff, zu disen dingen selber sprich:
er wollt in geren preyses han peraubet,
den er mit manhait ye errannck,
drumb ligt auch er mit nöten hie petaubet.«

422 ›Fraw Mynne, ich múes lassen
et aber euch den streitt.‹ –
man hört in allen gassen,
wie Persibeins lob do ward aus geschreyt.
der von Spolit frewdte sich seins gesellen,
das er / allsuss zu vellde   B 199 rb
mit seiner thioste kunnd so ritter vellen.

423 Durch rúe zun pauilunen
menigclich tete keren,
fürsten vnnd auch barunen.
nach dem mit kurtasy dy lanndes heren
zw hofe gingen zw den klaren frawen;
ain yeder fürst mit reichait gros
liess sich es tags pey werder diet an schawen.

420,4 wunikleichem B   422,5 ... frewdt sich seines g. B
    6 pschicht B; vil fehlt AB   7 thioste] thiost AB
421,2 persiben B   423,1 zun] zu A
    5 geren] gern AB   2 kern B
422,4 do fehlt AB   3 Baronen B

424 Alls nw gar auf den sale
dy fürsten waren kumen,
von frawen liecht gemale
aus herczen manigem trawren ward genummen.
do man zum höchsten rúegt der fürsten preyse,
in dem von Isaual dy klar
sicht pey den werden stan ir trawt ameyse.

425 Si kam schnell dar geganngen,
ains tails doch vorchtigcleich,
mit armen schon vmb fanngen
ward da von ir der degen ellennsreich.
si iach: »ich kam her zu uil säligen stunnden,
das ich dich, myniklicher hortt,
allsuss in hohem preyse hie hab funnden.«

426 Er dannckt et so der klaren,
alls ins dy mynne lert.
lieplich was ir geparen,
von in dem hofe gros frewde ward gemertt.
der künig erschrack es ain all vmb sein schwesster;
durch rat wardt si dem von Spolit
gegeben, der was auch ain helld not vesster.

427 Ain hochzeit gar reichleiche
sich von den werden húeb,
dy ergienng mit kost uil reiche;
meniclich trawren gar mit all vergrúeb.
alls nw dy prautlaufft ward mit lieb volenndet,
dy fürsten rüsten sich von dann,
so das ain yeder haim zu lannd sich wenndet.

424,4	manigen *B*	425,7	hochem *B*
425,3	vmbe *A*	426,1	et *fehlt AB*
425,4	da] do *B;* der *von gleicher Hand nachgetragen A*	427,6	sich] sy *A*

Awentewr, wie Persibein vnnd fraw Plubena in ainen
walld kumen, wie er ainem leben vnd lebin angesigt vnnd wie
er durch fraw Blubenen zw nöten cham. auch wie er zwelffen an
gesigt.

428 Parsibein all zu hannde   B 199 va
     vierhunndert seiner man
     schickt wider haim zw lannde;
     auch viervndzwainczig fürstin wol getan,
     dy mit ir frawen waren von lannde chumen.
     mit seinr ameyen aine
     ward vrlab von der schar aller genummen.

429 Ains tags der fürst genennde
     rait durch ain grúenen walld.
     pey ainer staines wennde
     sahens zwen leoen fraissamklich gestallt,
     da von dy fraw erschrack vnmassen sere,
     so das si von dem orse viel;
     mit flucht nam si gen ainer höl dy kere.

430 Persibein gwann von schaide
     sein schwertt vnnd paisst zer erden,
     loff an dy leben paide,
     dy gen im sprungen mit michelnn vngeperden.
     des herren ors da paid wurden zer zerret,
     das satel vnd geraite gar
     lagen auf der grúen hie vnnd da zer flerret.

431 Der herr mit seinem schwerte
     si paide schlúeg zu tod.

XXVII,1 persiben *B;* Blubena *B*   428,7 urlaub *B*
428,1 Persiben *B*   430,4 michel *B*
   6 ain *B*   5 da] do *B*

nw hört, wie dy geherte
von ainem doren scharff da kam zw not,
daran si trat mit zarten fúeßlein claine.
des ward ir spor nach plúet gefar,
auch liess zer zertt si vallẹn ain reißlein raine.

432   Diss vannd der valsches plosse,   A 124 vb
da pey plúet var ir schla.
durch rew mit iamer grosse
hiet er sich selb vil nach verderbet da.
er dacht, das im sein fraw da wär erstorben,
in vnmacht saig er zu der erd
vnnd was von herczen laid auch schier verdorben.

433   Do kam zw seinem hayle
Kurie her geganngen;
frewd ward si nicht dy gaile,
do si den helld sach mit nöten vmbfangen,
si pracht ain prunnen dar zer selben stunnde,
dem helld sein vnkrafft si penam,
do si im kúelet gúemen vnnd auch munnde.

434   Alls er nw sein frewndinne
helfflich sach pey im stan,
dy im trúeg hollde mynne,
si sprach: »was wirtt dir, tugenthaffter / man?«   B 199 vb
er iach: »da hab ich hie in diser awen,
fürcht ich von vngeschichte,
verlorẹn von Isaual mein klare frawen.

435   »Den kle uil gar peflecket
vinnd ich von plúet vil rot,

431,4   aim *A;* doren] dorn *AB*   433,4   vmbe fanngen *A*
432,4   hiet] het *B*   7   munnde] den munnde *B*
                                434,2   hilfflich *B*

das mir kummer auf wecket,
o vy, ich sorg ir klarer leib sey tod!«
si sprach: »herr, wartt mein hie, ich wil pesehen,
ob si sey lebennd oder tod,
diss kan ich palld vnd aigenlich erspehen.«

436 Hin loff dy durch den wallde
vnd súecht dy klaren frawen,
dy si auch vannd all pallde.
do sis ersach durch vorcht tet ir ser grawen.
si sprach: »entsicz mich nicht, du súesses weibe,
ich pring dich zu dem herren dein,
der laides hat uil nach deim zarten leibe.«

437 Dy schönen an den arem
nam si geleich aim kind,
v̈ber stock, ran vnd farem
loff si hin zu dem herren uil geschwind.
do dy geliebten an ein annder sahen
aines do zu dem anndernn lieff,
da von ward da ain myniklichs vmbfahen.

438 Zw fúess si múessten dannen,
dy ors waren verlorn.
si wurden von zwelff mannen
geriten an, ainer der sprach aus zorn:
»palld sag mir, wo dw dy frawen habst verstolen,
ich merck wol an euch paiden,
das dus gefúert hasst ettwenn hin verholen.

436,7 hat uil nach] vil hat nach B   437,7 da ain] do ain B
437,1 arm B   438,7 hin *von späterer Hand*
    2 aim] ain A   *nachgetragen* A, *fehlt* B
    3 farm B

117

439 »Darvmb thúe dich palld anen
des myniklichen weibs,
ia, ob du selb willd schonen
dein vnd dar zúe des deinen iungen leibs!«
er sprach: »wer mir mein frawn wollt fúeren hynnen,
dem sag ich, das er si wol möcht
zu Kölen am Rein zw sennfterm kauff gewynnen.«

440 Zw hannd wurden erpleckket
zwelff schwert do gen dem ainen,
das in doch lützel schrecket,
wann das zw walld er weychen hiess dy rainen.
do sach man werlich stan den eren steten,
er schlúeg, da von dy funckken
von hellmme hoch auf gen den lüfften weten.

441 Dy schleg gen sein gestreitten   A 125 ra   B 200 ra
mit söllicher krafft er traib,
das ir in kurtzen zeitten
siben tod von im auf dem wal pelaib,
ir fünff entrunnen im mit tieffen wunnden.
des frewt dy fraw sich inniklich,
do si des leibes in sach wol gesunnden.

442 Zway ors zw hanndt er vinge,
dy gingen in dem walld,
dar auf er sas geringe
vnd sein amey; von dann si riten palld.
nw was das der tag ennd nw hett genummen,
vor vinster er lüczel wesste,
wo er zer nacht zw lewten sollte kumen.

439,4 dein] dem A   440,7 hellm B; wäten A
5 frawen B   441,2 solicher B
440,1 vor erpleckket Lücke mit   3 in fehlt B
Rasur (den) A   442,1 orsch B
5 stäten A

118

XXVIII   Awentewr, wie Persibein vnnd Plubena penachten
auf ainer purck. vnnd wie er ainer gräfin ir lanndt erstrait ab
Lodeman von Schabizone, auch wie er Wigelois vnnd Mermilio-
nen veraint vnd si schicket zw zwain abentewren.

443   In dem hort er vnverre
      ein stymm vor im erklingen,
      nach der so rait der herre.
      er vannd ain purck, er sprach: »vil wol gelinngen
      möcht vnns noch heint.« sunst klopfft er an der porten,
      er sagt dem wachter dar sein rais;
      man tett im auf do si von ersst in horten.

444   Ain klare maget raine
      mit züchten gen in ging.
      der sorg doch nicht was klaine,
      ritter vnd frawen mit eren si entpfing.
      si pot in er vnnd wirtschafft hartte grosse;
      was man pflag frewden mit dem gasst,
      so was et si an frewden gar dy plosse.

445   Persibein fragt der märe
      dy edeln gräfin gúet:
      »ich spür, mit grosser schwäre
      ist euch petrúebet sin vnnd auch der múet.«
      si sprach: »ich pin in wird piß her peliben,
      nw wird ich von der schwesster mein
      durch neyd morgen mit kampf vom lannd uertriben.

446   »Ich hab vil lanng gesúechet
      ain kempffen für mein not;

XXVIII,1 persiben B   445,2 grefin A
443,5 er *fehlt* AB   4 petrúebet] petrúebt A;
444,2 in] im B   betrúebt B
445,1 Persiben B   7 vertreiben A

119

ich pin nw dy verflúechet,
do sich für mein schwesster zw streitte pot
der starck helld Lodeman von Schabisane.   B 200 r

do was mein ding mir gar da hin,
nyembt lebt, der sich türr nemen gen im ane.«

447   Do sprach der valsches freye:
        »seyd er hie streittes gertt,
        ob seiner wären dreye,
        so wirt er kampfs morgen von mir gewert.
        wollt si vertreiben euch sunst ane schullde,
        sein vnrecht in selb vellen wirt,
        das er múes flehen verr nach ewer hullde.«

448   Dy magdt in tett vmb vallten
        vnnd iach: »ewr hohen preis
        sol got in pschucz selb hallten.«
        man pot im eren vil manigen weis.
        nw legt man schlaffen dy geliebten paide;
        fraw Blubena sorg was nit klain,
        si vorcht, das der kampff im da käm zu laide.

449   Nw morgens, da her prechen   A 125 rb
        der tag wollt mit der sunn,
        do sach man den helld frechen
        verwappen sich. »got im des siges gunn«
        pat zu got gar der iung vnnd auch dy allten,
        »das er durch sein erpärmde groß
        well disem helld er vnd auch sig pehallten.«

446,5 schabisone A   449,1 prehen B
447,7 ewr A   3 den frechen helld gund
448,2 ewer AB   man sehen B
    3 hallten] wallten B   5 ... got der iung vnnd auch
                                        gar di allten B

120

450 Sunst kam her für dy pforten
der helld von Schabisan.
er rúefft mit strenngen wortten:
»wo ist der kempff, der mich hewt sol pestan?
ich wän, fraw, das euch helffe sey entschlaffen,
wer vicht für euch vnnd ewer lannd,
wer wil euch hewt ain fride vor mir schaffen?«

451 So kumpt her für geriten
verwappent auf den plan,
des preis nye ward verschniten,
her Parsibein. er sprach: »dein sorgen lan,
du nymbst den streit dir für zw grossen frewden!
kumstu genossen des von hynn,
so hast von hail du ymmer wol zw gewden.«

452 »Dy red mir ser verschmahet
von dir, du iunger welff!
du hast dich her vergahet,
der maget sol nicht frummen hie dein helff.
gib dich gefanngen mir her für dein sterben,
ob deiner sechse wären hie,
dy all möchten der magdt nicht gnad erwerben!«

453 »Dw vernymbst dich all zu grosse«   B 200 va
so redt her Persibein,
»pistu nicht zaghait plosse,
das lass hie werden mit den wercken schein.
wider sagt sey dir hie vmb dein genesen,
was du mit worte kallst gen mir,
der dro ich acht noch ringer dann ain vesen!«

450,2 schabison B   452,4 maget] t von späterer
    6 ewr A   Hand nachgetragen A
                                          7 erberwen A
                                     453,1 vernymbst] vermisst B

121

454 Zway starcke sper sy numen,
    dy sach man auf ir schillten
    in hundert stuck zerdrumen,
    sunst si entsam des todes schimpff hie spillten.
    zway andre raicht man in dar schnell zw hannden,
    dy nicht wann ainen iustt si wertt,
    in drunzun klain dy auch von in uerschwannden.

455 Nicht lennger man da paite,
    zway sper durch legt mit horen,
    starck, gros vnd vnpeschnaite
    raicht man zu hannd den hellden hochgeporen,
    da mit der iust ergienng so hurtigcleiche.
    »nye man des punnders gleich gesach«
    so sprach alldo der arem vnnd der reiche.

456 Hie mit der Schabisone
    gestreckt in plúemen lag
    gar krefft vnd witzen ane,
    das dort petrúebet frewnd vnnd all sein mag.
    der hellem von seim haupt im ward genummen,
    do er zw wiczen wider kam
    Parsibein iach: »dir mag nw nicht gefrummen,

457 »Du gebst dann her vianntze
    der gräfin, meiner frawen,
    haltz dy mit trewen ganntze,
    sam wil ich auch mit stäter súene schawen,

454,5 ... in schnell dar zu hann-
        den B
455,2 horn A
    7 arm B
456,3 witzen] wissen A
    5 hellem] hellm AB

456,6 wider *von späterer Hand
        nachgetragen A, fehlt B;*
        do er zu witzen kam alls
        e B
    7 *vor* Parsibein *Rasur* (iach)
        A
457,3 halltst B; dy] du B

dy dar durch du dich streitz hasst an genummen;
ob du et sprichst dar wider icht,
ich thúe dein haubt dir von deim leib hie drummen.«

458   Mit krefftenloser stymme
      Lodeman alldo iach:
      »mein sicherhait hyn nymme,
      es ist et war, das ye / der weyse sprach: A 125 va
      wer frömdes gúetz zu vnrecht ye pegerte,
      zw lützel ims mit rechte wirt,
      des aigen wirt er auch hie mit entwerte.«

459   Sunst pot er dar sein hennde
      dem wunnder kúenen man,
      da het der krieg auch ennde,
      do ward dem hellden eren vil getan.   B 200 vb
      Blubena frewd was groß, das er des wiges
      allsuss da was erstannden
      vnnd sunst an menngem ennd menliches siges.

460   Vrlab zw der gräfinne
      der ellens reich do nam,
      dy im trúeg hollde mynne.
      gar von der stat dy teten auch allsam.
      von dann er rait mit seiner klaren frawen;
      nach im von manngem zarten weib
      mocht man vil zäher haiß da waynend schawen.

461   Er rait zu ainen zeitten
      durch ainen grúenen walld;
      er sach zwen ritter streitten,

457,5 streittes B   nachgetragen A; iach]
458,2 alldo iach] o und i auf   sprach B
       Rasur von gleicher Hand   458,5 pegerete A
                                    460,1 Vrlaub B

123

zu in so rait der kúene ritter palld.
er iach: »durch mich sollt ir den streit hie lassen;
welcher des wider sässig ist,
dem sag ich, das er dullden múes mein hassen.«

462　Auch pat er in der mynne
si paid drumb harte ser
vnnd auch dy küniginne.
palld waren si paid diser rede wer.
Parsibein iach: »was hat auf im dy schullde,
das ir sunst zamen traget has,
war durch hat ainr verlorn des anndern hullde?«

463　Dy hellden zwen zw stunnden
vor im hie auf der grúen
dy hellem paid ab punnden.
zw hannd erkanndt er dy zwen ritter kúen:
her Wigelois, sein öhaim, was der aine,
Mermilion der annder hiess,
ir payder manhait was zer not nicht claine.

464　Wigeloys der gehewre
zw seinem öhaim sprach:
»zw ainer awentewre
was vnns paiden zw streite harte gach;
wir wurden ains, wes preis alhie verdurbe,
der sollt erwinden seiner rais,
vnnd das der annder dort nach preyse wurbe.

465　»Ain annger vnnd ain linnden
nymbt man ainr mit gewallt;

462,5　parsiben B
　　6　zämen B; traget] tragend,
　　　d von späterer Hand nach-
　　　getragen A

462,7　uerloren B
463,3　hellm B
　　5　wigoleis B
464,1　Wigelois B

124

der not sollt mans erpinden.«
inn dem ain knab her laufft, der in erzallt,
ain awentewr ze erholen wär uil hertte;
wer hohen preis erwerben wollt,
der sollt zu diser rais sein sein geuerte.

466   Ain gestúell von kost hartt reiche   B 201 ra
       näm man ainr klaren magdt
       sunnder recht. freueleiche
       diss laid si got vnnd allen ritternn klagt.
       Persibein iach: »ir mügt hie streitz euch massen,
       yeder ain abentewr hat,
       got sol euch paiden dar zúe gelinngen lassen.«

                                                           [A 125 vb
XXIX   Awentewr, wie si drey vnnd Blubena penachten auf
ainem schloss, vnnd wie sie morgens mit vier rittern streitten
múestten vnnd den / angesigten. wie dy zwen ir awentewr er-
stritten vnd Persibein zw lannd haim kam.

467   Sunst wart der has verslichtet,
       entzamen si gar ritten
       ain strass, dy si perichtet
       zw ainer schoner purck. nach frewndes sitten
       wurden dy helld mit frewden gros entpfanngen.
       man pot in wirtschafft harte gúet,
       das si dy nacht nicht fürpas dorfft verlanngen.

465,3 entpinnden B   XXIX,2 streitten] stritten A
    5 ze erholen] zer holen AB;   3 den] in B; wie] vnd B
       awentewer B   4 persiben B
466,2 nem A; einer B   467,1 uerschlichtet B
    3 fräuenleiche B   2 entzame B
    5 persiben B; mögt B   4 schoner von späterer Hand
    6 awentewr A   nachgetragen A, fehlt B;
                                             zw ainer purck nach rech-
                                             ter frewndes sitten B

125

468 Nw morgens alls es tagte
vnnd dy sunn gab ir prehen,
dy drey helld vnuerzagte
man tet uil schnell in irem harnasch sehen.
der wirt der sprach: »ir schaidet nicht so hynnen,
meinr lisanntz hie zw hawse
der pring et ich euch noch wol annders innen.

469 »Wer herberg pey mir nymmet,
da ist nicht annderst an;
ob im das misse zymet,
des acht ich clain. er múes ain helld pestan.«
Persiben iach: »diss lasst ergan pey zeyte.«
zw hant kamen vier hellden dar
verwappenndt vnd gerüsstet wol zw streyte.

470 Dy helld nicht piten lannger,
si kertten für das tor
auf ain geplúemten annger;
ain ritterlicher streit húeb sich da vor.
do sach man sper in drunzun klain zerspringen,
auf hellem vnnd auch kouertewr
hort man die scharffen schwertt vil weyt erklingen.

471 Des wirtes ingesinnde
palld siglos ward gesehen;
her spranng der vierd geschwinnde,
für dy frawn múest der selbig streit peschehen.   B 201 rb
Persibein nam ain sper, der degen kúene,
den punnder er vol drucket so,
da von sein gstreit viel totter in dy grúene.

468,5 schaidt B   470,6 hellem] hellm AB
469,6 zehant B   471,4 frawen B
470,4 ... streitt sich húeb da   5 persiben B
       vor B

126

472   Sollt ich sunst nacht selld kauffen,
       wo ich dy wesst zw meyden?
       ich wollt et fürpas lauffen,
       dy zalumb künndte ich mit nicht erleyden,
       alls si den wiert hie werten vor der vessten!
       wo ich pin hawses wirt, pitt ich,
       das mich pewar got vor solichen gestten!

473   Alls si den sig erstritten
       an stunnde si von dann
       geselliklichen riten.
       Wigelois sprach: »zwar, des ich willen han,
       das wil pey nam ich fürderleich volennden,
       got selb durch sein genade
       sol mir zw disem streitt sein hilffe sennden.«

474   Sam wollt auch dan zu hannde
       der helld Mermilian,
       do er auch ain valannde
       all durch ain klare maget múestt pestan.
       das ich sagt, was si paide kummer liten,
       das wurd et all zw lannge –
       den preis mit hohem lob sich paid erstritten.

475   Parsiben der gehewre
       rait mit der klaren frawen
       súechen nur abentewre.
       hellem vnd / prünn er menichę tet durch hawen.   A 126 ra
       inn dem kam er haim in sein aigen lannde;

472,4 künndt A   474,2 mermilion B
    5 ... wiert werten hie v. d.   5 sagte A
       v. B   7 hochem B
473,5 fürderlich B   475,1 Parsibein B
                                         4 hellm B

vater, múeter frewt ser sein kunfft,
fürsten vnnd wer es sunnst im lannd pefannde.

476 Sein vater gar pesannde
fürsten vnnd auch baronen,
was ir was in dem lannde,
das si durch frewd da sollten pey im wonen.
er hiess in vogt vnnd herr der lannde wesen;
von allter seiner iare
mocht er et nicht dy lennge mer genesen.

477 Sunst ward er da pekrönet
mit seiner klaren frawen,
mit werder zucht geschönet
ward all dem lannde kumers vil verhawen.
dy hohen fürsten all nw für in gingen,
das si nach iren rechten
vom iungen künig mit vann ir lannd entpfinngen.

478 Er pat dy herren hallten   B 201 va
frid, dar zúe gúet gericht,
vnnd sein vater den allten
mit trew pewartten mit vil gúetter psicht.
er wollt zw tagen drein sich mit in leczen,
pewaren auch sein andre lannd,
mit frid vnd aller notturfft auch peseczen.

476,4 *die Zeile ist in A durch
Rasuren und nachträgliche
Korrekturen verunstaltet;
es ist zu lesen:* pat das si
durch in allda sollten wo-
nen *wobei* pat (?), in *und*
all- *von späterer Hand
nachgetragen sind. Zwi-*
schen in *und* allda *ist eine
Lücke mit Rasur, deren ur-
sprünglicher Text jedoch
nicht mehr zu entziffern
ist.*
477,5 hochen *B*
478,6 pewarn *A*

XXX   Awentewr, wie Persiben mit fraw Blubena kam zw
Nantis, darnach pesaczt das lannd Kanndia vnnd zu Isaual sich
nider liess.

479   Er vrlaubt sich zw hannde
      von all den werden scharen,
      zw Artus in das lannde
      kam er für Nantis auf den plan gefaren.
      ettlich ritter in kanndt dort aus zu vellde,
      dar zúe dy klaren frawen,
      des plaib zw hof vnlanng von im dy mellde.

480   Geriten vnnd geganngen
      ward gen dem kúenen man,
      mit kurtasy entpfanngen
      ward er, vnnd auch dy frawe wolgetan.
      man pot im eren vil maniger weyse.
      zum dritten tag vrlabes gertt
      zw seinem lanndt, der ye warb nach dem preyse.

481   Do sprach er zu Artawse:
      »got hallt euch, lieber herr.
      all dy euch sind zu hawse,
      den múes vnhail sein ymmer fremd vnnd verr,
      dar zúe fraw Ginofer, meinr rainen frawen;
      was si pfenndt frewd vnd eren
      pitt ich, das ir got well das alls verhawen.«

XXX,1 fra B   479,5 kanten A
      2 Candia B   480,4 fraw B
479,2 scharen] schan B   6 vrlaubs B
      3 das] des B   481,1 Artause B
      4 vor plan Rasur und Lücke,   4 frömd B
        es ist undeutlich noch grúe-
        nen zu lesen A; kam er für
        nantis auf den grúenen
        plan B

482 Zw Kanndia dem lannde
tet er nw für an keren;
vil kumers er dar wannde,
macht frid vnd pseczt dy gricht mit gúeten eren.
hie mit er sich auch vrlabt von in allen.
des sach man von seinr dannen vart
mang klares aug mit zähernn v̈ber wallen.

483 Hin rittens mit ein annder
zw Isaual dem reich.
vil gúetten frid da vannder;
do wurdens paid entpfanngen mynikleich.
ir paider kunfft frewdt sich dy diet gemaine,
dy fraw / zu rúe was kummen widẹr,   B 201 vb
des ward durch si des volckes frewd nicht claine.

XXXI   Abentewr, wie Kurie cham vnnd clagt herrn Persibein,
irn sun hiet Wagollt geuanngen vnd pat in hilff. auch wie er
erledigt dy göttin Engiselor. vnnd wie es im ergienng mit dem
mer wunnder Garmanis.

484 Alls er nw mit der klaren
vnnlanng im lannde was,
in hohen frewden waren
vnnd an aim tag, do er zu tissche sass,
so kumpt an den hof Kurie gelauffen
mit lautschreyennder stymme,
mit hennde wynnden vnd auch hare rauffen.

485 Nw er pefannd das märe,
das dar an seinen hof

482,1 kandia B
    5 vrlaubt B
    7 manig A

483,1 Hin] Nw B
XXXI,2 iren B
    4 Germanis B
484,1 nw *fehlt* A

130

Kurie kummen wäre,
vil schnell er zu der vngetanen lof.
er sprach: »was wirret dir, du mein frewntinne?«
si sprach: »Wagollt gevanngen hat
mein lieben sun vnd ain klare göttinne.

486 »Sy hat der wicht beschlossen
auf ainem hohen stain.
dy hat solich zeit verdrossen,
das es erparmen möcht aim herczen rain.
ain lanndt hat er der zartten auch genummen.
ain wag vmb gürttet dy provincz,
so das draus vnnd dar ein nyemannd mag kumen.«

487 Zw hannd hiess er im pringen
all sein streitlich gewannt.
»ich wil dein laid dir ringen,
oder mich slecht dort tod des vaigen hannd.«
sunst rait er weg, des mocht in nyembt erwennden.
Kurie im loff alles vor,
er wesst et sunst dy strass nicht welchen ennden.

488 Er sach an ainem tage
ain perg an massen hoch,
vnferr der vor in lage;
in daucht sein höch sich durch dy wolcken zoch.
Kurie sprach: »secht, hier auf ligt gefanngen
Engiselor dy klare,
des ist durch si im lannd vil frewd zer ganngen.«

489 Persibein sprach: »für ware,   B 202 ra
künndt ir mein helff et frummen,

485,6 wagolt B   487,4 schlecht B
486,2 hochen B   5 nyembt] nyemandt B
                                      7 suss B

ob ioch ir pfläg ein schare,
durch sy sollt man sehen hellmen zerdrumen.«
si iach: »ain mer tier wais ich in aim hole,
wer das et möcht pezwingen,
das prächt hin auf euch leicht vnnd sunnder dole.«

490 Si fúrt in palld des enndes
do er vannd Garmaneys.
den zwanng er gar pehenndes,
das er hin auf in pracht. ins paradeis
in daucht hiet in pey nam das tier getragen!
sunst glesst ain sal von gollde klar,
gestaines vil verwiret dar inn lagen.

491 Enmitten saß dy klare
geleich dem zartten enngel,
raid weit golld farbem hare,
ir wat gezirt mit menngem golldes stenngel.
si entpfieng den helld mit schönen wortten súessen:
»o wol mir, ewr sällden kunfft,
ia, ob ir wellt, mag mir vil traurens púessen.«

492 »Fraw, was euch frewden pfenndet,
das wirt euch, ob ich mag,
vil schier von mir gewenndet.
ewer schwär ist gar meiner frewden schlag.«
si / sprach: »werfft weg das fürspan, das hie liget,   A 126 va
des zawber mich sunst pinndet,
das trawren het mein frewden obgesiget.«

489,4 hellm A; zerdrumen]   491,5 hellden A
       drumen AB   7 trawren B
490,2 germaneys B   492,1 frewden] trauren B
    5 in daucht] dacht er B   4 ewer] ewr AB
    7 vil verwiret] vnuerwirret   7 fräuden B
       B

493 Vil schnell ers dannen zucket,
     warff es so auf das lannd,
     das es lag klain zerstucket.
     hie mit entschlossen was des zawbers pannd.
     sy sprach: »got hallt euch, herr, ich múeß von hynnen;
     von schulld ich holldes hercz euch trag,
     das pring ich euch, ob ich das mag, noch innen.«

494 Sunst fúr si all zw hannde
     hin, er enwesste wo.
     Garmanys den weygannde
     auch pracht her ab. des ward an massen fro
     Kurie, das im was allsuss gelunngen.
     si iach: »nw het mein not gar enndt,
     hiet ir an Wagollt dort den preis errungen.«

495 Vier klar stain het der herre
     im palasst dort genummen.
     »vnhail ist vnns nw verre«
     Kurie sprach, »der staine krefft vnns frummen   B 202 rb
     mag zu der vertt; ich kenn ir krafft so raine:
     wag noch fewr vnns schadt zu nicht,
     auch hannd si tugenndt mer, dy nicht sind klaine.«

496 Hie mit von dann si kertten,
     Kurie alles vor
     loff disem helld geherten,
     so stapffet er alls nach auf irem spor.
     si kamen an ain wag gar vnerfurtet,
     des tieff vnd praitt an masse was;
     Wagolltes innsel es gar vmbe gürttet.

493,5 von] et A   494,3 garmanis B
    6 von schulld ich euch holl-   6 het] hiet B
       des hertze trag B   496,7 vmb B

497 Von diser staines kreffte
kam er hin durch den wag,
der durch sein ritterscheffte
kain frayse durch sein zaghait nye verlag.
er sach ain vorecht in liechten flammen prynnen,
Kurie sprach: »von zawber lisst
isst das gemacht, des pring ich euch wol innen.

498 »Zw gesicht dy stain für reydet,
so wertt irs wol gewar,
das vnns das fewr vermeydet,
sein hicz vns schadet klainer dann ye kain har.«
sunst kamens vnuersert gar in das lannde.
Wagolld erschrack vnmassen ser,
do er des kunfft all dar pey im pefannde.

499 Er dacht: »gar vngenesen
pin ich vor disem hellt,
seyd sein preis aus erlesen
Patrell vnd Plophinasen hat ervellt,
des preis in allen lannden so erhillet,
der Iureth vnd die risen zwannck,
vnnd auch das schreyent mos dortt hat gestillet.«

500 Zw Parsibein geganngen
kam er vnd sprach: »gar wider
gib ich euch dy gefanngen,
das ir ewrn has hie leget gen mir nyder.
das beschicht all ewer manhait gros zw eren,
das ich euch dienstes pin perait,
den willen wil ich nymmer von euch keren.«

501 Den nye kain tugenndt rúeret
(ich main den eren plos)

498,6 an massen B   500,7 wil von späterer Hand
500,5 ewr B   nachgetragen A

den helld zer stat ein fúeret.
er thet, alls von seinr kunfft sein frewd wär gros.
dem gunderfaid sein will was wol geleiche;
zer nacht der helld gefüeret ward
zw ainem pett, das was gar wunder reiche.

502 Wagollt wollt mortt hie stifften, A 126 vb B 202 va
er schúeff das gar verholen:
von seim gsind dem vergifften
dem helld schwert vnd auch harnasch ward uerstolen.
zw pett wannd er in sunnder wer zw vinnden.
got ner den helld vor disem mortt
vnd helff im dise not gar über winnden!

XXXII Awentewr, wie die göttin Engiselor Persibein von
dem mortt halff, wie er dar nach Wagollt tod schlúeg vnd sein
gesinnd vnnd dy gefanngen erledigt. vnnd wie er nw zw lannd
sein leben vol enndet.

503 Engiselor dy klare
des mordes do ward innen;
schnell cham si zw im dare,
sagt im den vallsch vnd iach: »ich hilff euch hynnen.«
Persiben iach: »ich sprich pey meinen trewen,
das ich durch vorcht entweiche nicht;
ditz múes mich oder in noch hewt gerewen.«

504 Do sprach dy tugenndt here:
»nicht, herr, durch ewer wird,

501,4 wer A   XXXII,1 persiben B
501,5 will *von späterer Hand*   2 wagold B
       nachgetragen A, *fehlt* B;   503,5 persibein B
       sein *von der gleichen Hand*   504,2 ewer] ewr AB
       übergeschrieben A

135

auf all mein weiplich ere,
so wertt ir doch des lebens gar verirtt.«
er iach: »hiet ich mein schwertt et in der hennde,
so múest er durch sein vntrew gros
von mir entpfahen hewt seineş lebens ennde!«

505 »Herr, wollt irs nicht entperen,
schillt, harnasch vnd auch schwert,
den voll wil ich euch weren
zum pestten, alls es ewer girde gertt.«
hie mit pracht si dem hellden vneruorchte
ain prünne klar, für nott dy pesst,
dar ein si in mit vleis gar wol verworchte.

506 Alls si nwr von im kerte,
der wiert schnell zu im ranndt,
der mordes gen im gertte;
ain schwert all pares trúeg er in seineṛ hannd,
sam teten auch dy anndern sein genossen.
mit mord gierigem múete
dy kamer teten si geschwynnd auf stossen.

507 Mit grymm si gen im schrieren: B 202 vb
»yetz vind wir gar an wer
den frechen hellden zieren,
sein manhait hilfft nicht wertt in vmb ain per!«
hie mit si alle zu der thür ein drunngen,
do stúnd der kúen verwappent dortt,
mit seinem schwertt kam er an si gesprungen.

508 Ee si sichs recht versahen
nach halb sy warens tod.

505,1 enperen B   505,7 gar fehlt AB; wol von
    4 ewer] ewr AB   späterer Hand nachgetra-
                                   gen A, fehlt B

von dann Wagolld wollt gahen;
der helld sprach: »nicht, du gearnest noch dy nott!«
da mit er tet ain schlag von höhe zucken,
von achsel zu der gürtel ab
schlúeg er den vaigen do zw zwayen stucken.

509 Dy anndernn wollten fliehen,
vor drenng kund kainer aus.
schnell tett er in nach ziehen,
mit schlegen macht er ain sollichen straws,
sy lagen all von seiner hannd erstorben.
manng hundert gfanngen frewdt sich des,
das er het allso hohen preis erworben.

510 Ritter, frawn vngezalte,   A 127 ra
dy der wicht het / gefanngen,
dy ser zwanng sein gewallte,
den was ir laid mit liebe gar erganngen.
von gstain vnnd golld funndens reichait an massen,
das tailt er gar der werden schar;
nach dannck si kerten haim yeder sein strassen.

511 Do er von diser frayse
wollt keren haim zw lanndt,
do pekam im auf der rayse
ain frawe vnd ain ritter. si sprach zw hanndt:
»secht zúe, es chumpt ain ritter ellensreiche,
ich prúeffs an seiner pärde,
das er euch mainet nicht wann gar streitleiche.«

512 Vmb warff er sich an stunnde;
alls Persibein in sach

508,3 wagollt B   510,4 lieb A; zerganngen B
    5 schlage A   512,2 persiben B

an stunnd ward er im chunnde.
zw Limors er mit schönen züchten sprach:
»herr, mein thioste sol euch et gar verperen;
do ich zum iüngsten pey euch was,
nach vil vnrúe kunnd ir mich gröslich eren,

513 »Do ich von dem serpannde   B 203 ra
dortt losst dy künigin
Berlind von Esstelannde.«
Beaflors sprach: »ia, ob du meiner mynn
mit amorschafft nw füran an mich gerest,
dy sol et dir verzigen sein,
ob du den ritter hie nicht thioste werest.«

514 Persibein sprach zer frawen:
»ob er thioste hye gert,
von mir sollt ir das schawen,
das er der pet von mir plib vngebertt.
sein hanndlung zw mir pessers hat uerschulldet.
herr, mein dinst sey et euch perait,
well got, das ir nit vngemach von mir dulldet.«

515 Limors in pat, der kúene,
das er in wollte weren
ainr thioste auf der grúene,
das wollt er ymmer im zwm pessten keren.
»mein fraw vnns paide hett sunst gar für zagen;
ich prúem euch drumb vor werder diet,
darumb thúet ain thioste mir nicht versagen!«

512,5 thioste] thiost *AB*   514,6 sey] sein *B*
    7 ir] er *B*   7 nit] mit *B*
513,3 estelannde *B*   515,3 thioste] thiost *AB*
    7 thioste] thiost *AB*   5 gar *fehlt A*
514,2 thioste] thiost *AB*   7 thioste] thiost *AB*
    4 vngewert *B*

516　Sunst liess er sichs erpitten,
　　　wie wol das sunnder has
　　　dy thioste ward geriten.
　　　dy fraw iach, das si vor nye ritter pas
　　　von iust zway starcke sper säch klainr zerdrummen.
　　　wie doch dy helld gesessen paid,
　　　ain frewntlich vrlab von in ward genummen.

517　Für an so rait der herre
　　　pis an den abennd gar.
　　　vor im sach er vnferre
　　　ain linden prait, da pey ain ritter klar,
　　　der was an leng vnnd sterck risen gemesse.
　　　der in pat willikummen sein,
　　　das er vnrúe dy nacht pey im vergesse.

518　Er mochtz in leicht erpitten,
　　　wann yecz dy nacht dem tag
　　　sein schein het gar uerschniten.
　　　dy nacht si hetten maniger hannde frag
　　　von art, nam, purd, welicher ennd der lannde.
　　　yetweder sagt von seinem künn,
　　　sunst ainr des anndernn preis von sag erkannde.

519　Von Norgalls der uil kúene
　　　sprach: »ich hab ritterschafft
　　　gepflegen auf der grúene
　　　all durch ain weib; der mynn mich hat / pehafft.　B 203 rb
　　　newn iar hab ich durch si nach streitt gesúechet.　A 127 rb
　　　ob mir nicht lont ir súesse mynn,
　　　so haiss ich auf der erd wol der verflúechet.

516,3	thioste] thiost *AB*		517,5	leng] leg *B*
7	vrlaub *B*		6	wilkumen *B*
			518,5	ennde *B*

520 »Ich pin irs poten warten,
   ich ding, vil liebe mär
   pring er mir von der zarten,
   da von sich ennden werd gar all mein schwär.«
   inn dem der tag tett durch dy wolcken prehen,
   so kumpt ain maget vnnd ain zwerg,
   an den er wont sich lieber mär versehen.

521 Mit züchten er dy maget
   vnnd hohem vleis entpfienng;
   do sy ir mär im saget,
   von dem der helld gross vngemach entpfienng.
   si sprach: »herr, dient nach mynn wo es euch geuellet,
   ich sag, das meiner frawen hercz
   zw annder mynn durch mynn sich hat gesellet.«

522 Hin rait dy wol geporen,
   do sprach der kúene man:
   »sind mein diennst sunst verloren,
   dy ich mit lannger zeit ir hab getan?«
   er iach: »pfuch dich, du arck vntrewe wellte!
   nach trewem diennst, den ich dir thet,
   wie gibstu mir so sawres widergellte!«

523 Sein klag zw vnpeschaiden
   was hie pey diser linnden;
   es möcht aim willden haiden
   erparmet han, sunst kund er hennde wynnden.
   in vnmacht gstrackt lag er hie auf der grúene,
   Persiben aines prunnen hollt;
   da er dar kam, secht, da was tod der kúene.

521,4 der fehlt B   522,3 uerlorn B
    5 wo] wa B   5 vngetrewe A
                                      523,6 persibein B

524 O vy, secht her Fraw Mynne,
     secht ewern dienest man!
     vnnd sind das mynn gewynne?
     nach mynn vnmynn, das istt et ewer lon!
     so sol mein diennst sich allzeit von euch verren,
     ob ich lanng auf ewr gnade dint
     vnnd ir mirs wollt zum iüngsten sunss verwerren!

525 Do Persibein do vannde
     den man so mynne wunnden,
     auf sein raueit zw hannde
     ward er von im in saumes weis gepunnden
     vnnd fúrt in dann vnferr zw ainem kloster,   B 203 va
     do er herrlich pestatet ward,
     vnd im zw trost noch spricht menng pater noster.

526 Da liess er gstain vnnd golldes
     vil durch sein sel gerätt.
     allsuss der herre wolldes,
     das man seinr sele gar das pesste tätt.
     hie mit schied er auch von in haim zw lannde;
     des sich frewdt all dy werde diet,
     do man sein wider kunfft frölich pefannde.

527 Fraw Bluben mynikleiche
     den fürsten vmbe vienng.
     nw dacht der ellennsreiche,
     wie diser wellde frewd mit laid zer gienng.
     er dacht an Ekenot vnd Gurnymancze,

524,2 dienst A   526,2 geret B
    4 ewr A   4 tet B
    7 wellt B   527,5 ekenott B
525,1 persiben B
    6 pestätet B

141

an Tschionachtolannder,
wie dy zer welldę trúegen der eren kranntze.

528 Wie in zwm iüngsten lonet
   dy wellt nach arbait gros,
   durch mynn si nyemands schonet;
   ietz hohes mútz, darnach palld frewden plos!
   diss alles tet er weißlich vnnderseczen,
   vnd dy weyl es noch hiete zeit
   wollt er durch got sich von der wellde leczen.

529 Sam thet mein fraw Blubene;   A 127 va
   dy myniklich vnd klar
   in der zeit süne zwene
   vnd töchter drey zw diser welld gepar.
   von der wird wär auch wunnders vil zw sagen,
   so wurd das mär ser lenngen sich
   vnd wil der red von in hie gar verdagen,

530 Wann das si hie so lebten
   in gottes dienst auf erd,
   das si nach ir pegrebden
   pey got wurden hymlischer frewd gewerd.
   den lon múess vnns got durch sein gúett pehallten,
   wenn wir vor seim gerichte stan,
   das vnns sein vrtail von im nicht thúe schallten.

                                        Amen.

528,1 iungsten *B*   528,7 ... durich got von der
    4 hoches mütts *B*   wellt sich letzen *B*
    6 noch *fehlt AB*

ANMERKUNGEN*

2,4 In der im Mittelalter oft diskutierten Streitfrage der Gegen-
bewegung von Planeten und Fixsternhimmel folgt Füetrer hier
der Auffassung, daß sich der Kristallhimmel von Osten nach
Westen, der Fixsternhimmel und die Planeten aber in entgegen-
gesetzter Richtung bewegen. »dargegen« bezieht sich auf »himel«
in 2,1.

2,5–6 Das Bild, daß der Tierkreis die Planeten »durch« die Tier-
kreiszeichen führe, erklärt sich bei der gleichen Bewegungsrich-
tung durch die unterschiedliche Umlaufzeit, also die verschie-
dene Geschwindigkeit, mit der die Planeten an den Fixsternen
vorbeiziehen.

Vgl. zur ganzen Strophe Georg-Karl Bauer, Sternkunde und
Sterndeutung der Deutschen im 9.–14. Jahrhundert, Germ. Stu-
dien 186, Berlin 1937, und Siebert, Die Astronomie in den
Gedichten des Kanzlers und Frauenlobs, Zeitschrift für deut-
sches Altertum, Nr. 75, 1938, S. 1–23; beide mit ausführlichen
Quellen- bzw. Literaturangaben.

11,4 *bekannder* = bekannd er. Im 15. Jahrhundert hat »bekennen«
noch oft die alte Bedeutung von »erkennen« (vgl. DWB I, 1416).

11,5 *in par sein schwester:* Gaharet entstammt der Ehe von Gawans
Schwester Itonjê mit Gramoflanz.

15,2 Zur Bedeutung der Steine im Mittelalter, zu den ihnen zu-
geschriebenen Kräften und zu dem Einfluß der Gestirne auf sie
vgl. Konrad von Megenberg, Das Buch der Natur, hrsg. von Franz
Pfeiffer, Stuttgart 1861, S. 427–431; vgl. auch Parz. 743,5 ff.

15,5–6 Nicht eindeutig zu erklären: Es kann sich um eine Zauber-
schrift mit den Namen der Planeten handeln, oder aber die
Gestirne spiegeln sich in dem Stein, dessen Glanz 15,3 besonders
betont wird.

* Zugrunde gelegt sind die Wörterbücher von Grimm (DWB),
Schmeller (BWB), Benecke–Müller–Zarncke und Lexer.
Die Lemmata sind in der grammatischen Form des Textes wie-
dergegeben, soweit möglich ist die mhd. Schreibung beigefügt.

Zur Bedeutung der einzelnen Planeten im Mittelalter vgl. Konrad von Megenberg, Das Buch der Natur, S. 55–68, Konrad von Megenberg, Deutsche Sphaera, hrsg. von Otto Matthei, Berlin 1912, S. 5–6, und Lucidarius, hrsg. von Felix Heidlauf, Deutsche Texte des Mittelalters, Bd. 28, Berlin 1915, S. 20–24.

29,7 *wirden* = werden. Im Bayerischen Erhöhung des e zu i vor r; vgl. K. Weinhold, Bairische Grammatik, Berlin 1867, § 18.

45,1 *czwar:* mhd. ze wâre wird von Füetrer hier und im folgenden noch in bestätigendem Sinn gebraucht. Der Begriff der Einräumung entwickelt sich erst im Laufe des 16./17. Jahrhunderts (vgl. DWB XVI, 649–654).

58,1–61,3 Diese Strophen sind am ehesten als Dialog zwischen dem Dichter und Frau Minne aufzufassen: 58,1–7 und 60,1–7 spricht der Erzähler, Frau Minne antwortet jeweils 59,1–7 und 61,1–3. Es könnte aber auch in 59,2 Gaban als »vngehofter man« angesprochen sein, der genau so wenig wie der Dichter Persibein seine Erfolge in der Minne gönnt. In diesem Fall steht in Str. 59 für einen der beiden Sätze Frau Minne als Sprecherin fest, der andere kann ebenfalls von ihr oder aber vom Erzähler gesprochen sein, wobei sich die Angriffe dann gegen Gaban richten.

69,6 *mann* = man in.

78,4 *wew:* Vgl. BWB II, 826: »Nach gewissen Präpositionen noch der alte Instrumentalkasus des Fragepronomens huaz, waz, ahd. huuiu, mhd. uuiu, später weu, wew, we, welcher sich in der neueren Sprache zuweilen durch die neutrale Dativform ›wem‹, öfter aber durch die Akkusativform ›was‹ ersetzt findet.«

85,5 *kanschafft:* mhd. koneschaft stf. = Ehestand.

85,6 *suene:* hier = Vertrag, Einigung, Ehevertrag (vgl. DWB X,4 1012 ff.).

88,5 *vach:* mhd. vâhen stv., hier = begreifen, verstehen, sich klarmachen.

120,6 *verchandt:* Wohl entstanden aus mhd. erkennen swv. mit dat. d. p. = einem zuerkennen. Einen Beleg für die vorliegende Form verzeichnen die mhd. und die Dialektwörterbücher nicht. Vgl. aber Cgm 1 Fol. 2 ra: Fraw Schgosiana die edel auss erkoren / die ward verchant Kyoth dem Tymputeire. Die Bedeutung ist demnach = verlobt, versprochen.

142,1 *verpanen:* Part. Perf. von mdh. verbannen stv., mit dat. d. p. und gen. d. s. = entziehen, verstossen von. Das Wort wurde ahd. mhd. stark flektiert (Part. Perf. farbannan, verbannen), nhd. hat die schwache Form, die schon mhd. neben der starken belegt ist, die starke ganz verdrängt; es finden sich noch Spuren

144

der letzteren in den Glossarien des 15. Jahrhunderts (vgl. DWB XII,1, 91).

152,6 *wierd:* mhd. wirde stf. = Wert, Ansehen, Verehrung; hier = würdevolle, ehrenvolle Gemeinschaft, mit besonderer Betonung der Ausschließlichkeit.

162,7 *múeß* = múeß es.

182,2 *nur:* adv. mit temporaler Bedeutung im Sinne von »nun« ist nach DWB VII, 1008 seit Luther, besonders den »Tischreden«, in dieser Bedeutung nachgewiesen. Lexer zitiert Stieler 1368: ich gehe nur (in hoc puncto temporis) von ihm (vgl. auch 350,1 / 475,3 / 506,1).

194,4 *entwicht:* mhd. entwîchen stv. = entweichen, dessen Part. Perf. »entwichen« lauten müßte. Die hier auftretende schwache Form entspricht dem Reimwort (richt), jedoch erwähnt DWB XIV, I,1, 486, daß die »neue Mundart« auch schwache Partizipformen kennt.

202,6 *erarnest:* mhd. erarnen swv. = erwerben, einernten; hier = besiegen.

239,6 *Teruiannd:* Der in Wolframs »Willehalm« häufig genannte heidnische Gott Tervigant.

244,2 *zem:* ist wohl Kontraktionsform von »zesamene«.

249,5 *gevenstert:* fenstern, ausfenstern = schelten, abweisen, vom Fenster her abweisen (vgl. DWB I, 38 und III, 1525).

275,4 *mann* = man in.

348,5 *ler* = lerne.

352,6 Die Zeile bleibt unverständlich und ist mit einfachen Mitteln nicht zu bessern. Die ganze Strophe weist auf ein Abenteuer hin, das nicht erzählt wird; auch von dem erwähnten Kampf des Beakurs erfahren wir nichts.

360,6 Dieses Spiel fand ich in der Literatur nirgends beschrieben.

368,7 *zwelff:* Die Überwindung von zwölf Rittern durch Persibein am Artushof wird in Füetrers Bearbeitung nirgends erzählt. Die entsprechende Partie kann seiner Kürzung zum Opfer gefallen sein, oder aber *zwelff* steht nur verallgemeinernd für die Anzahl der unmittelbar zuvor von P. besiegten Ritter (vgl. jedoch 359,6–362,7).

395,5 *dy dich sind angeporen:* Benecke–Müller–Zarncke gibt als einzige Belegstelle für »angeboren« mit dem acc. ein Zitat aus Herbort von Fritzlars »Liet von Troye«: »ich waene iȝ mich an ist geborn« (Z. 884). DWB I, 338 vermerkt noch: Haupt 7, 361: »ein laster ist mich (besser als mir) angeboren«. Allgemein steht »angeboren« mhd. mit dat. d. p.

427,4 *vergrúeb:* Prät. von mhd. vergraben stv., hier = verschwinden.

439,7 Die Zeile ist wohl damit zu erklären, daß Köln im Mittelalter als die volkreichste und auch größte Handelsstadt galt. Es sei auch auf Z. 77,6 des »Lorengel« (abgedruckt von Steinmeyer in Zeitschrift für deutsches Altertum, Nr. 15, S. 181 ff.) hingewiesen, wo von 11 000 Jungfrauen die Rede ist, die in Köln erschlagen wurden. Die in einer Wiener Hs. des 15. Jahrhunderts überlieferte Lohengrin-Fortsetzung beruht nach Steinmeyer ZfdA 15, S. 239, in dieser Episode wohl auf einem älteren Gedicht, dessen Kern die Ursulalegende bildete.

Auch Petrarca berichtet von vielen Frauen in Köln: in seinem Brief vom 9. 8. 1333 an den Kardinal Colonna in Avignon erzählt er von einem großen Fest, das er während seiner Rheinreise in Köln erlebt hat: einem alten Brauch zufolge waschen sich die Frauen in der Johannisnacht im Rhein, wodurch das ganze Jahr hindurch etwa drohendes Unheil gebannt werden soll (vgl. Petrarca, Dichtungen, Briefe, Schriften, Fischer-Bücherei, Bd. 141, S. 75 ff.).

515,5 *hett:* von mhd. haben vür = halten für.

520,7 *wont:* Nebenform zu mhd. waenen swv. = erwarten, hoffen, glauben.

VERZEICHNIS DER EIGENNAMEN*

Abenntewr, Fraw: 58,2
Almeria, Markes von: XXI,2
Ameis, Pfaff: 32,5
Antzikon: 30,3
Apolin: 296,1 (vgl. auch Atlur)
Archadion: 211,4
Artus, Artaus: 8,1 / 17,2 / 24,6 /
  29,1 / 36,5 / 151,6 / 155,2 /
  337,4 / 355,2 / 355,4 / 356,6 /
  358,5 / 369,3 / 370,3 / 370,5 /
  371,1 / 371,6 / 373,5 / 479,3 /
  481,1 / Artus der Prytoneyse:
  25,7
Aschalun, Graf von: 120,6
  (vgl. auch Beloneye)
Atlur, Attlur: 292,5 / 293,3 /
  297,4 / 314,4 / 320,3 / 320,7 /
  Attlur von Apolin: XIX,1

Bayrnn: 4,7
Beaflor, Beaflors: 410,5 / 513,4
Beakurs von Norwage: 352,1
Beloneye, Belonye: 120,5 / IX,2 /
  Belunar von Aschalun: 140,1
Belurs von Igerlannd: 409,6
Berlind (vgl. Perlinda)
Blubena, Bluben, Blubene, Plu-
  bena, Pluben: 156,1 / 186,5 /
  XVII,2 / 258,3 / 277,5 /
  XXVI,2 / XXVII,1 /
  XXVII,3 / XXVIII,1 / 448,6 /

459,5 / XXIX,1 / XXX,1 /
  527,1 / 529,1
Budisollt: 343,1 / 347,6 / Budi-
  sollt von Valturnie, Valturni:
  XXII,3 / 342,5

Canndia (vgl. Kanndia)

Dodines: 361,1
Driumphelle (vgl. Gylam)
Dulciflor: 30,4

Eckeprannd, Eckeprannt, Ecko-
  prant: XXIV,2 / 378,5 / 379,7 /
  384,5
Eer, Fraw: 6,1
Ekenot: 527,5
Elizabell, Elisabell: 77,1 / 81,2 /
  112,1 / 145,1
Eneyte: 30,1
Engiselor: XXXI,3 / 488,6 /
  XXXII,1 / 503,1
Enngelanndt, Enngelannde:
  XX,1 / 311,1 / 313,7 / 324,5 /
  XXI,3
Ereck: 372,4
Esstelannde, Osstelannde: 314,1 /
  322,1 (vgl. auch Perlinda)

Florant, Florannt, Florannde:
  I,2 / II,2 / 18,3 / 28,6 / 34,4
Florey: 30,2

* Da die orthographischen Abweichungen der Eigennamen aus-
nahmslos im Lesartenapparat verzeichnet sind, werden sie hier nur
noch zusammenfassend angegeben.

Fraw Abenntewr (vgl. Abenntewr)
Fraw Eer (vgl. Eer)
Fraw Mynn(e) (vgl. Mynn)
Fraw Sälld(e) (vgl. Sälld)
Fraw Werre (vgl. Werre)
Fridemar: XXV,3 / 401,1
Fürminantz: 101,2

Gaban, Gabon: II,1 / 14,4 / 18,1 /
19,4 / 21,1 / III,1 / 22,4 / 25,1 /
25,6 / 26,6 / 31,6 / 41,1 / 43,1 /
45,1 / 50,3 / 51,1 / 63,6 / 65,4 /
67,6 / 68,4 / 94,3 / 95,1 / 96,1 /
98,1 / 102,1 / 104,1 / 104,6 /
105,7 / 106,1 / 107,1 / 110,3 /
115,1 / 117,7 / 118,1 / 119,3 /
161,2 / 188,2 / 372,1 / 372,6 /
374,1 / Gaban herr von Nor-
wage: 11,1 / 48,3
Gaharet: II,1 / 11,4
Galwadires: II,1–2 / 11,3
Garmanis, Garmanys, Garma-
neys: XXXI,4 / 490,2 / 494,3
Gramoflanns: 11,6
Grantschenalier, Grandschenalier:
378,3 / 379,6 / 381,5 / 383,6 /
Grontschenalir von Lorancz:
XXIV,2–3 / Künig von Lo-
rantze: 382,3
Gundreye: 30,5
Gurnymancz: 527,5
Gylam von Driumphelle: 99,1 /
Gilam: 100,5
Gynofer, Ginofer: 29,3 / 30,1 /
375,3 / 481,5
Gyrenlannd: 11,7

Hertzenlaut, Hertzenlawd:
38,6 / 340,4

Ieschawd: 30,4
Igerlannd: XXVI,2–3 (vgl. auch
Belurs)

Irlannd: 41,3 / 115,6 (vgl. auch
Salaththiser)
Isaual, Ysaual: 156,5 / 186,5 /
219,1 / XVI,2 / 235,4 / 243,2 /
245,2 / XXVI,1 / 403,5 / 411,5 /
424,6 / 434,7 / XXX,2 / 483,2
Iupiter: 15,6
Iureth: XIV,1 / 209,6 / 212,3 /
214,3 / 215,1 / 217,5 / 245,5 /
273,6 / 499,6

Kärling: 32,7
Kanndia, Kandia, Canndia: V,1 /
42,4 / 143,5 / VIII,1–2 /
XXX,2 / 482,1
Karidol: I,2 / 34,4 / 79,6
Kastilia: 115,6
Kay: 19,5 / 31,6 / 362,5 / 366,3 /
367,5
Klamissa, Klamisa: XXII,2 /
339,7 / 341,3 / 351,3 / XXIII,1
Klaremund (vgl. Limors)
Klaudit: 30,2
Kölen am Rein: 439,7
Kologrannd: 361,5
Künewar von Lalannd:
30,5
Kurie: 399,6 / 402,1 / 433,2 /
XXXI,1 / 484,5 / 485,3 / 487,6 /
488,5 / 494,5 / 495,4 / 496,2 /
497,6
Kylitratt: 101,6

Lalannd (vgl. Künewar)
Liaß: 30,3
Limors: 291,5 / 295,1 / 512,4 /
515,1 / Limors von Klaremund:
289,5
Lodeman: 458,2 / Lodeman von
Schabizone, Schabisane, Schabi-
sone: XXVIII,3 / 446,5 / 456,1
Lorantze
(vgl. Grantschenalier)

148

www.ingramcontent.com/pod-product-compliance
Lightning Source LLC
Chambersburg PA
CBHW020226030726
47497CB00009B/2974